ウィリギス・イェーガー 著

八城《Yashiro》 圀衛《Kunimori》 訳

Sophia perennis

久遠の叡智

―「永遠の今」を生きる―

教友社

Original title:
Ewige Weisheit.
Das Geheimnis hinter allen spirituellen Wegen
by Willigis Jäger
Edited by Christa Spannbauer and Ursula Richard

目次

叡智について

「主は、その道の初めに私を造られた。
いにしえの御業になお、先立って。
永遠の昔、私は祝別されていた。
太初、大地に先立って。
私は生み出されていた
深淵も水のみなぎる源も、まだ存在しないとき。
山々の基も据えられておらず、丘もなかったが
私は生み出されていた。
大地も野も、地上の最初の塵も
まだ造られていなかった。
私はそこにいた
主が天をその位置に備え

深淵の面に輪を描いて境界とされたとき
主が上から雲に力をもたせ
深淵の源に勢いを与えられたとき
この原始の海に境界を定め
水が岸を越えないようにし
大地の基を定められたとき。
御許にあって、私は巧みな者となり
日々、主を楽しませる者となって
絶えず主の御前で楽を奏し
主の造られたこの地上の人々と共に楽を奏し
人の子らと共に楽しむ。

さて、子らよ、私に聞き従え。
私の道を守る者は、いかに幸いなことか。
諭しに聞き従って知恵を得よ。

なおざりにしてはならない。
私に聴き従う者、日々、私の扉をうかがい
戸口の柱を見守る者は、いかに幸いなことか。
私を見出す者は命を見出し
主に喜び迎えていただくことができる。
私を見失う者は魂をそこなう。
私を憎む者は死を愛する者」（箴言8・22以下）（＊1）

1　久遠の叡智（Sophia perennis）

久遠の叡智（Sophia perennis—die ewige Weisheit）はいわゆる宗教と呼ばれているものではない。久遠の叡智はわれわれの真の存在、超越的実在を直接体験せしめる次元である。久遠の叡智はすべての宗教体験の精髄（Essenz）であり、すべての宗教のよって立つ根底であり、すべての宗教宗派の信仰箇条に示されている究極的実在との一致、すべてが一なるものであることを体験を通して自覚させるのである。久遠の叡智はすべての宗教の根底に考えられる無条件に信ずべき絶対的いのちの活《はたら》きの認識である。久遠の叡智は知的分別心によっては把握され得ない次元に展開する最高所の場である魂の最内奥の根底的存在を体得することによる絶対的自由への道である。久遠の叡智は一切の存在を現実的に一ならしめる不断の活きであるだけでなく、人生の根源的意義、すべてが一なるものであることを自覚せしめる「根源的力動性」に他ならない。

われわれ人間は時間を超越するこの宇宙森羅万象に組み込まれている一瞬の瞬きに過ぎないカイロス的存在としての意味を問われているに他ならない。このような認識による理解が深まることによって人間としての成熟の過程は決定的一歩を踏み出すことになるだろう。宇宙森羅万象の法則に歩調をあわせて生きることが重要になるからである。「神」、神の本質である「神性」、「空」と呼ばれているものは外界にあるものではない。外界の存在でないというよりも正確に言うならば、ゆるやかに展開している外界の出来事の最内奥にある根源的活《はたら》きに対する呼び名であり、それは神学的あるいは哲学的な一切の観念的思考の枠組みを超える、知的分別心の彼方の存在である。それは確固とした何らかの信念に基づいた考え方や立場を意味するのでもなければ、概念的に規定されたり、位置づけられるものでもない。しかし同時に間違いなく言えることは、神性、絶対無、空、無等数多くのさまざまな呼び名で呼ばれているこの根源的現実は「今、ここ」に顕現しているのである。

「久遠の叡智」は既存の一切の宗教宗派の信仰の枠組みを超越すると同時にすべての宗教宗派の信条にも通底し、横断的に普遍的にみられるのである。叡智は現実的に一ならしめる始原的力動性である。久遠の叡智を体得する者はいつでも自分の信じる伝統的宗教に戻ることができるだろう。それればかりか久遠の叡智をその後、さまざまな異なった仕方で解釈し、寿ぎ祝うことができるだろう、究極的実在を体験することによって人間存在の最奥底の根底を体得した者は信仰本来の意味する根源的実在に導かれるからである。根源的実在である究極的実在との一致を体験することによって一切の分別、思想、信条などから離れ、概念、表象、考え方、一切の妄想にとらわれることがなくなるだろう。いわゆる既存の宗教的思考の枠組みにもとらわれない「久遠の叡智」への道が開かれるのである。禅門で言う「言語や文字に頼らず、文書によらずに直接指し示すこと、外界にあるものに求めるのではなく、自己に徹し、自己の内にある本心を見つめ、直接端的に本来の自己の本性を把握し、本性に徹底するという特殊な認識の在り方」(*2)、これは禅において「己事究明」と言われる自己究明、真己認識、自己の本性に徹する方法である。

「久遠の叡智」によってわれわれは最奥底の存在の根底である究極的実在との一致のうちに生きることにより人間存在の本来有する意義を熟知することになるだろう。時間を超越する魂の最内奥の根底、根源的実在を深みの次元で体得することによってこの「久遠の叡智」に到達できるのである。

（＊1）叡智は生きとし生けるもの宇宙森羅万象に活く命名し難い根源的存在を表す言葉であった。体験を通して神性なるものは覚知されるのである。叡智の考え方は時の経過とともに変化しているが、この箴言の一節（8・22以下）を読めば、「叡智」が天地創造以前の混沌から活動している創造的、根源的な霊感溢れる純粋ないのちの活き、生命力に他ならないことが分かる（詩編104・24、ヨブ記28参考）。

おそらく「ヨハネ福音書」の冒頭の部分も昔の母権性社会の原典に変更が加えられたものと考えられる。この原典はもともと次のようであっただろう。


「初めに叡智があった。叡智は一番初めの神性なるものであった。

万物は叡智によって成った。成ったもので、叡智によらずになったものは何一つなかった。

叡智の内に命があった。いのちは人間を照らす光であった。

光は暗闇の中で輝いている。

暗闇は光を理解しなかった。

叡智はこの世に現れて
すべての人を照らすまことの光であった。

叡智はこの世のものであった。世は叡智によって成ったが、
世は叡智を認めなかった。

叡智は自分の民のところへきたが、民は受け入れなかった。

しかし叡智を受け入れた多くの人、
その名を信じる人々には叡智の子となる資格を与えた。

叡智は肉となって、私たちの間に宿られた。

われわれはその栄光を見た。

それは父の独り子としての栄光であって、恵みと真理とに満ちていた。

私たちはみな叡智の満ち溢れる豊かさのなかから、恵みの上に、さらに恵みを受けた」。


叡智は活力、創造力、霊感溢れる純粋ないのちの活き、生命力に他ならないが、叡智は息、霊、神の活きとして表現されるように移り変わってゆく。われわれは自分の内にある叡智を認識して生きなければならない。この根源的霊である叡智を認識し活気づかせるよう努めることが重要である。すべてのものが根源的霊、聖霊の活きに満たされるように「聖霊来りたまえ、暗闇を切り開き、この世に光を照らしたまえ。近い将来救いが成就し、永遠の喜びを迎えることができますように」と祈るのである。

叡智はしたがって無名、無相の第一現実、究極的実在、根源的力動性のことである。それはエックハルトが「神性なるもの」(Gottheit)と表現したもの、森羅万象を成り立たせている言表不可能な無名の基質とでも言うことができるだろう。この神性なるもの自体が語りかけることのできる「神」を最初に創造したのである。その「神」の背後にある一切のものを超越する命名しがたい存在、これを神秘家は根源的存在、「神性の無」と呼ぶのである(W・イェーガー『W・

イェーガー講話集Ⅱ』二一二頁以下参考)。

(＊2) 禅の教えは「正法眼蔵、涅槃妙心、実相無相、微妙法門、不立文字、教外別伝、直指人心、見性成仏」の八句義である。とりわけ「不立文字」以下の三句が禅の特徴と言える。見性成仏に至る不可欠の条件である。

『坐禅和讃』に「況や自ら廻向して、直に自性を証すれば」とあるように自己の内に向かって自性を掴むのである。自性とは生まれながらに持っている根源的なもの、自己の本性、本来心、清浄心、本来仏とも言われるが、真実の自己のことである。「直指人心」とは自己の心をみつめ、本来の自己、本性、自性に徹することである。「回光返照」と同義である。

霊性的道それ自体を見れば禅という名もキリスト教神秘主義という名も消えて、至福直観という至高の観想、宗教の本質である超宗教宗派的霊性を自覚するということになる。「見性成仏」とは本性を自覚して仏になる、真の人間になることである。キリスト教的に言うならば、人間は神の本質を見、神に似た者になるという意味において、「分有の神」になる。キリスト教神秘家によって神と自己との同一性が語られ人間は参与による神となる。神の本性をみること、「分有の神」になることはまさに禅の本質であると言うことができる。「見性」とは究極的実在のうちに一切をみることである。禅における「見性成仏」はカトリックでは「見神成神」と言い得るだろう(岸英司『禅とトマス・アクィナス』みくに書房、一九九八年、参考)。

春に百花有り　秋に月有り、
　夏に涼風有り　冬に雪有り

つまらぬことに捉われ、煩わされることがなければ、
日日是好日だ。（＊1）

2　全面的受動性――「日日是好日《にちにちこれこうじつ》」（＊2）

人の世の一切の事柄は絶え間ない季節の移り変わりのように考えられる。季節の移り変わりには神のいのちの活《はたら》きをはっきり観ることができる。春に花は咲き乱れ、秋に葉は散り落ちる、春夏秋冬季節は巡る、大地に落下した種子から新しいいのちが芽生え、開花する。死滅することがなければ新しいいのちは誕生しないだろう。うつろいゆく変化のうちにみるいのちの活《はたら》きには驚くべき不思議、神秘と呼ぶべきものが隠されている。生まれて、生きて、死んでいくということ、生も、死も、あるがままである。誕生と死は神の活《はたら》きによる被造物のあるべき姿を決定的に表している。

しかしわれわれはこのようないのちの変化のプロセスを全面的にそのまま受け入れて生きる心構えが果たしてあるだろうか。予測されない状況に陥ることがあっても、それをこの神のいのちの変容のプロセスとして受け入れることが果たしてできるだろうか。われわれは将来に漠然とした不安を抱いているが、どのような苦悩に満ちた困難な状態に陥ったとしてもそれを受け入れることが果たしてできるだろうか。われわれは変えることのできないような苦悩に満ちた状況に陥ったとしてもそれを受け入れる心構えがあるだろうか。受け入れるためには春になって甦り新たに花を咲かせることのできる大地の闇の中に埋もれたままになっている種子に見られるような隠されているいのちの存在に信頼をおくことが必要である。また繭からいつの日か蝶になって舞い上がる、繭の中で静に包まれている幼虫にみられるようないのちの変容を信頼して生きることである。人生における神のいのちの活きである変容を繰り返し新たに受け入れる心の準備をすることはわれわれが人間的に成熟し、全き人間になるプロセスなのである。

このような体験から中国唐末の雲門文偃《うんもんぶんえん》禅師は「日日是好日」と言うことができたのである。喜びの日も苦しみの日も、探す日も見出す日も、生においても死においても好日なのであり、好日は一切を二元的対立にみる見方の彼方である。一切の分別心、執着心を放下し、何ごとにも捉われない無事、無心の境涯にある者にとっては一切が同じように何ら変わらず日々が平穏無事の好日なのである。好日ということは人生のさまざまな事柄をあるがままに楽しむが、しかしその事柄が過ぎ去るときにはそれに捉われず、執着することがないということである。「日々是好日」ということは執着の心を捨て去り、妄想や分別心を超克した、「そのまま」「ありのまま」の心境を現している。この心境にあって初めて無常な人生を神の活きによる理想的境地として無心にそのまま好日として受けとめることができるのである。

霊性の道を歩む

一切の事柄は絶えず動き変化している。不変なものは何一つ存在しない。いつまでも変わらずそのまま持続するものは何一つない。このような現実の世界のはかなさを分かってはいるのだが、しかし他を顧みることなくひたすら独善的に人生の大部分の時間を過ごしている。自分の人生が本当の意味で満たされるのはこれから先、将来のことのように思っている。しかしわれわれが霊性の道を歩み始めると、たちどころにわれわれがうつろいやすい無常の存在であることを知るばかりでなく、あまりにもさまざまな事柄に執着しすぎ、感情に溺れ、情緒に流され、欲望に捉われ、絶えず満ち足りたしあわせな生活を思い描き、夢幻の世界、空華の世界を追い求めてばかりいるのだということを知ることになる。一切のことは「今、ここ」に恩寵に満たされて現存している、われわれは「今、ここ」に神のいのちに満たされている存在だということを認識していないからである。われわれはうつろいやすい無常の存在であると、限りなく不安に駆られているのである。われわれは神のいのちに無関心であるばかりか、神のいのちの活きに対して離反しているような、神に対して疎遠な存在観を持っている。自我によってばらばらに分断されている状況を、心理学的プログラムの助けを借りて再び神との関係を修復しようと試みるのである。

だがしかし霊性の道においては神のいのちとの疎遠な関係を修復する手立てとして心理学的に学習するようなことなどは何一つない。われわれはむしろ霊性の道によって知的分別心によっては解析することができない心の最奥底の根底に導かれるからである。この霊性の道において特別に役立つような何かある事柄として現実に達成されるようなことは何一つない、ただ肝心なことは、今までも存在していたし、そして現在も常に存在している根底、心の最奥底の存在、「本来の面目」「真己」に到達することを目指すだけだからである。存在そのものにそのまま心を開くのである。それゆえ特別何かあることをするというのではなく、存在そのものに生きることは「真実の自己」自己の本性への道なのである。

われわれの真実の存在、真実の自己、真己へ突破することが重要なのである。われわれの真実の存在は空であり、まぎれもなく「今、ここ」に現存している、ひそかな純粋な沈黙なのである。われわれには空以外に到達すべきものは何もない。われわれはこの空に目覚めるだけである。開かれている空がわれわれの真の故郷である。真の故郷である空への道は一切を放下することが中心である霊性の道の修行を経て、ついにわれわれはもはや何ものにも捉われず、執着しなくなるのである。自我の絶対的支配束縛から解放されて心の中に変化が起こり、「今、ここ」というこの瞬間の現実、「永遠の今」を生きるという全く新しい生き方が可能になるのである。

自我がその支配と支配領域を喜々として簡単に手放すということを自我に期待することはできないだろう。しかし実際すべての霊性の道において求められることは、まさに自我に自我の支配を手放させるということに尽きるのである。それゆえに禅においては坐禅をして死ねと言う。自我を殺せと言う。イエスは「あなたはもう一度生まれなければならない」と言う。自我に死んで真己に生きよと言うのである。小心翼々としていたり、絶望的になったり、死にもの狂いになったり、攻撃的に無定見な言動をし、あるいはまた考えられないほど陽気すぎる行動をとったりするなど、さまざまな異質な心的要素が複雑に混ぜ合わさった混合的意識の集合体である閉鎖的利己的小我の世界に人々は生きている——しかしこの小我の世界の死の程度に応じて、やがて移り変わりやすい人生の浮き沈みの中にあっても、真実の存在を信頼し、心の底からの歓びと確実な期待を抱いて、確信を持って自在的利他的大我に生きることができるようになるだろう。霊性の道のプロセスにおいて新たに醸成されるのは心の最奥底の根底に生きる強固な大我に生きる生き方である。

このようなことを口で言うのはやさしいが、しかし実際はこのような重大な事実を言葉によって説明するのはかなり難しいことである。例えば医師が癌患者に癌であることを知らせようとする場合、交通事故で片足を失った時、人間が介護を必要とする身になったとき、両親が子供を失った時、——このような場合のことを考えるとその重大な事実を伝える言葉は日常とは全く異なる深刻極まりない事態が内容だからである。言語に絶するような事態に直面したならば、人生のどのような状況にあっても突然置かれた状況の変化をそのまま納得して心から受け入れるということは誰一人として容易にできることではないだろう。

言うまでもなく誰もこのような状況をそのまま受け入れたくはないからである。しかし求められるのは、われわれが変えることができない状況であってもこれを受け入れることなのである。一致体験による変容のプロセスが本来目指すのは変えることが容易でない現実を受け入れ、一切の妄想や分別心を放下しきって、六祖恵能禅師が説いている「無念」「無相」「無住」によって到達され得る境地である。そのまま、ありのまま受け入れることができるようになることである。すなわち禅の原典（＊3）にあることは真実である。歌うも笑うも法（Dharma）の声、大声で嘆きわめくも法の声とある。

挫折による人間的成長と成熟

挫折を体験することによって人間的に成熟するということは失敗、挫折を受けとめることである。挫折することは人間の出会う基本的体験とでも言い得ることだからである。誰も挫折から逃れることはできない。人生において絶対に安全が保障される確実な事柄は何一つない。われわれは生涯旅人であり、終生果てしなき探究者なのである。挫折することによって教えられることは、われわれが一時的に直面する状況である挫折は人間的成熟のプロセスであるという考え方である。

われわれは人生において精神的であれ、身体的であれ、それがどのような挫折や悩み苦しみであってもできれば極力避けたいと思う。だがしかしこのような場合に新たなことをもたらすことになる苦痛、挫折があることがしばしばみられるのである。しかしわれわれができれば回避したいと思うような悩み苦しみのどん底に陥った、その時にそれが新たに救いをもたらし、癒す力があることを認めるのは容易なことではない。「運命のもたらす決定的な禍」がわれわれにとってプラスになり得るということを受け入れるのは生易しいことではない。ひどく自尊心を傷つけられた場合であれ、結婚生活の破綻であれ、愛する人の死であれ、人生設計が挫折した場合であれ、そのような事態が人間的成長と成熟の機会になり得ることを認めるのはわれわれにとって難しいのである。だがしかしその事態が人間的成長の機会であることを認めることこそが重要なのである。挫折そのものをただ挫折として終わらせるのではなく、挫折を次の新しい人生への甦りのステップとしての体験とすることができるからである。

悩み苦しみ、挫折は全き人間への成熟のプロセスだからである。このことは神秘主義的伝統において苦しみが重要な役割を果たしている理由である。伝統的に宗教においては昔から死後の世界、彼岸における救いを得るために苦しみが絶対に必要な事柄のように言われることがみられるが、私がここで言いたいことはそれと同様の意味で悩み苦しみを賛美しているのではない。苦しみによってむしろ人生における次の新しいステップが開かれるということなのである。苦しみはわれわれの人生行路がさらに先へ続いていることを教えてくれるからである。常に苦しみはわれわれの人生行路における重要な新たな存在への位置確認であると同時に変容のための重要な転換点でもあるからである。イエスも裏切られ磔刑になった。しかしイエスの十字架上の死は同時に始まりであり、新しいいのちへの復活であった。

挫折を好む者は一人もいない。しかし挫折によってわれわれが今までの歩みと異なる新しい人生の道を進むように注意を喚起させせられるのである。挫折は究極的には、新たに生まれ変わらせようとして、われわれを限界状況に導く真の実在、神性なるものの根源的活きだからである。誕生するということは常に苦しみを伴うが、しかし新しいことをもたらし、従来の古いことを乗り越える。挫折を神の根源的いのちの活き、力動性であると理解できるのは人間の有する真のすばらしさ、高貴さと言えるだろう。

われわれ人間存在は「踊り手である神」の踏むステップなのである。ダンスは静止している状態のことではない。宇宙森羅万象の踊り手である神の踏むステップに人生のステップをいつまでも合わせないままでいてはならない。たとえ人生というこのダンスのステップが危険な炎のなかを通り抜けてゆくとしても、踊り手である神はわれわれをさらにステップを踏み続けさせるだろう。危機的状況によってわれわれの人生は根本的に変革を求められ、挑戦するための重大な決断を迫られることになるだろう。危機的状況に直面し、われわれは限界状況に陥る。問題はわれわれがこのような限界状況を新しい事柄への始まりと考えることができるか否かなのである。そのためには勇気が必要である、限界状況からの脱出は予め決められていないからである。全き人間になる人間的成熟のプロセスに心を開く覚悟には人間の真の実在である根源的神の活きに対する絶対的帰依と信頼が求められるのである。

われわれが人生で直面するどのような事柄、事態であってもそれを全面的に受けとめて生きるということが重要である。しかしこのことは宿命的な事柄としてそのまま何もせず受けとめて生きるという意味ではない。それはまた人生の現実の状況を改善するために努力する必要がないということではない。病気になれば、必ず健康を取り戻すためにできるだけのことをするだろう。職場を失ったならば、新しい職場を探すだろう。しかし人生においてはしばしばどのようにしても変えることのできないと思われる決定的状況に直面することがあるだろう。その場合に人生はどのようであるべきかということについてそれまで自分が持ち続け、執着している妄想を放下して、あるがままそのままその事態に心を開く心構えがありさえすれば全く新しい世界が眼前に展開することになる。われわれがこのような事態を体験せざるを得ないのは人生において悩み苦しんでいる場合によくみられることである。自我に支配されている世界が皮相的な夢幻の世界、空華の世界であることを理解し始めるのである。一切の存在との一致を体験するために究極的実在へ突破しようとすることが自我によって妨げられていることに気づき始めるからである。

霊性の道はさまざまな表象や観念に捉われず、何ものにも執着しないという認識なのであり、何かある事柄を熱望することでもなく、挑戦的姿勢でもなく、無知であることでもない認識である。このような霊性の道の認識には知的分別心の抑制と精神の浄化が前提として必要である。そうすることによって目覚めることが可能になる。このような認識に達した時に外界の諸々の諸状況、条件と関係なく、一切の事柄に左右されることがない真に解放された絶対の自由の世界が開かれるのである。このような内面的自由な世界は全体主義的体制においても到達できるだろう。またこの内面的自由は自由な民主国家体制においても失われていることがあるだろう。この真の自由はわれわれの内面的世界、心のなかの出来事だからである。真の神秘主義はどのような社会体制であってもこのような内面的自由の世界に生きることができるのである。ナチズムの強制収容所や監獄から送られたE・フランクル（Viktor E. Frankl）、ディートリヒ・ボンヘッファー（Dietrich Bonhoeffer）の手紙の文面、旧ソ連の懲罰・強制労働収容所から送られたアレキサンダー・ソルジェニーチン（Alexander Solschenizyn）の作品に見られるように、強制収容所に拘束されて自由を完全に剥奪された驚くべき過酷な精神状況下においてすら人間は内面的自由を守ることができることを証している。これらの体験はいかに精神的に過酷な状況にあっても、生活環境の如何に関わらず、外界の環境とは全く無関係に心の最内奥で自由に満たされた平安な瞬間を生きることができる意識領域が心の中に存在することを明白に示しているのである。

放下は新しい次元の始まり

放下することが新しい次元の始まりであることは死を受容する場合にも言えることである。死に身をゆだねて、死が新たな次元への移行に過ぎないと考えることのできる場合には人生を理想的に満たされたものとして心豊かに安らかに生きることができるだろう。死は人生の終わりではなく、新しい存在の在り方を知らせる使者だからである。このように考えられない限り神のいのちに逆らい、宇宙大自然の法則にも従うことを拒み続けることになるだろう。タロットでは第十三番のカードは死を表す。このカードを引いた者は大抵の場合愕然とする。しかしこの死のカードには創造本来の秩序そのものである根源知が隠されている。この第十三番のカードは終わりをもたらすカードではなく、隠された秘密の中心なのである。それは事態に変化をもたらすカードだからである。手放すことによりチャンスが失われてしまうのではない。手放すことによって新しいチャンスが生まれるからである。

イエス・キリストは復活の福音により死が新しい存在への始まりであることを明らかにしたのではあるが、しかし現代のキリスト教においてはイエスの死をあまりにも大々的に誇らしげに告げ知らせすぎるのである。死ぬということは、握りしめている手、握りこぶしを開き、真に生きることを妨げている一切のことを手放して、あるがまま、そのままにまかせることなのである。またそればかりか死はわれわれが重要視している考え方、主義主張をも放念し、自分の世界観とも別れを告げることでもある。われわれは自我の働きによって無常な事柄、妄想と果てしない闘争のために限りなく多くの時間を費やしている。われわれはこの自我との戦いに勝利の見込みのないことが分かりきっているので心の奥底で不安にかられるのである。われわれは他の人々と同じように、働いて、お金をためてわが身の無事安全を確保しようとする。そのために限りなく仕事に熱中し、過労死を招きかねないほど多忙な日々を送ることになる。そしていつの日か存在しなくなる運命にある身であるならば、できれば何かを後に残して死ななければならないと考える。

しかしいかに身の無事、安全な日々を願い、将来の安定を求めていくら努力したところで究極的には何の役にもたたず無駄な努力に過ぎないことが分かるだろう。唯一の真理は、森羅万象は絶え間なく変化し続けているということである。「万物流転」ということをギリシャの哲学者ヘラクレイトス［前五四〇〜四八〇年頃］はすでに認識していた。われわれ人間が変化の果てに確信できる間違いない唯一のことと言えば死に他ならない。死を受容できる者しか変容することも、神のいのちを受け入れて生きることもできないだろう。握りしめている一切のものを手放した者、放下した者しかあらたにその手で何かを新たに掴みなおして満たすことはできないだろう。人間にとって死は人生の終局ではなく、新しい次元の始まり、移行に過ぎないことを教え、導くことが宗教本来の使命だろう。

どのような事柄であれ固執することは精神の硬直化を招き、変容することを受け入れる覚悟によって精神は活気づけられるのである。そのためには霊性の道を実践することによって、われわれは一切の事柄を放下することを学び、何ごとにも執着せずに一切の事柄、どのような現実もありのまま喜びをもって受け入れ、日々寿ぐことができるようになるだろう。霊性の道が目指すのは条件づけられている一切の事柄、一切の束縛、さまざまな不安や妄想を放下し、離脱して解放されることである。軽々しく自己同一性と言われているが、それは言うならば社会的に形成された考え方、感情、諸体験やわれわれがどのようにあればよいのか、できればどのようでありたいかという自分の思い等、世間の雑多な考え方や主義主張が寄せ集められた集合体を意味しているに過ぎないのである。われわれは知的分別心によっては把握できないこの宇宙森羅万象に展開する出来事の一瞬の瞬き、エピソードとでも言うべき存在に過ぎないということを認識して実存の真の意味を考える必要がある。

意識は常に新しく宇宙森羅万象にはっきり現れている。この宇宙森羅万象は理性的に説明できるような仕組みになっていない。宇宙森羅万象はその根源的生成の活きにおいて超理性的あるいは非理性的である。それゆえに限界のある制約された人間存在であるわれわれは無限絶対の世界を決して理性的に把握することはできないだろう。緩やかに展開している宇宙森羅万象の存在の神秘を前にして感動につつまれ驚きをもってその活きを眺め、認識するのみである。すなわち根源的存在が人間的姿に示現しているのがわれわれであり、人間は見極めがたい究極的実在が顕現した、神の霊の受け皿的な神秘的存在なのである。（＊4）一切を放下し、宇宙森羅万象に展開する存在の神秘を無心にありのまま受け入れて、われわれ自身の存在をそのまま肯定し、寿ぎつつ生きる境涯に達した時に初めて「日々是好日」であることを認識できるのである。（＊5）

（＊1）中国唐末の雲門文偃禅師の語。『雲門広録』、『碧巌録』第六則、『虚堂録』（一）にある名句。「雲門日々好日」は禅門の公案となっている。

大死一番、絶後に再び蘇える（『碧巌録』第四一則）、分別執着の心を払い去った安らかな境地、その時、その場に対応しながらそれにとらわれ、煩わされることがなければ日々が最高最上の日であり、かけがえのない一日、「日々是好日」と言える。しかし雲門禅師は「日々是好日」にとどまっていてはならないと、「日々是好日」の思いも捨て去ること、その思いに捉われることがあってはならないと戒めている。

（＊2）『無門関』第十九則。「平常心是道」の頌（『無門関』西村恵信訳注、岩波文庫、一九九九年）参考。

春に百花有り、秋に月有り、
　夏に涼風有り、冬に雪有り。
つまらぬ事を心に掛けねば、年じゅうこの世は極楽さ。

また

春は花　夏ほととぎす秋は月
冬雪冴えて　涼しかりけり（道元禅師〔一二〇〇～一二五三年〕の「本来の面目」と題する歌）

毎年、変わらずめぐってくる四季、季節の移ろいは一切のはからいがない。「あるがまま」である、真理そのものである。自然のありのままの活きの姿をとらえて、「無心」「本来の面目」を表している。

春は花　秋は月あり冬は雪
夏は涼しき風をこそきけ

などの古歌もある。（『禅林世語集』）

「すなわち是れ人間の好時節」とはどのようなことがあっても心に動揺をきたさない境地のことである。

「八風吹けども動ぜず。天辺の月」という禅語もある。「八風」とは利衰《りすい》、毀誉《きよ》、称譏《しょうき》、苦楽の八種で人心を動揺させるものであるところから風に譬えた。

「そのまま」「ありのまま」の心、平常心は道であるが、分別心、妄想、無駄ごとを払いのけた、より高い次元の心境にあって初めて「日々是好日」「平常」と言える禅の心境である。

（＊3）ここで師が思い浮かべている禅の原典とはおそらく坐禅の精神を簡潔明快にしかも平易な言葉で歌い上げている白隠禅師『坐禅和讃』ではないかと思われる。その中に「無相の相を相として」「行くも帰るも余所ならず」「無念の念を念として」「歌うも舞うも法の声」とあるが、明鏡止水の心の状態、何ごとにおいても「我を忘れる」ことが肝心、これこそが無功徳の境地、一致体験を経た者、悟りを開いた者、無念無相の境涯にある人の生きざまでのことである。禅語で言う「日々是好日」であり、われわれも目指さなければならない生き方である。無念になり、執われの心をなくすことによって、目に見えるもの、耳に聞こえるものすべてが法の声となる。これらすべて坐禅の力によるものである。『坐禅和讃』は禅の真実とその使命を説いている重要な原典の一つであるばかりか、イェーガー師の考え方を辿る上でも重要と思われるので参考として全文をここに掲げておく。

衆生本来佛なり　　水と氷の如くにて
水を離れて氷なく　　衆生の外に佛なし
衆生近きを知らずして　　遠く求むるはかなさよ
譬えば水の中にいて　　渇を叫ぶが如くなり

長者の家の子となりて　貧里に迷うに異ならず
六趣輪廻の因縁は　己れが愚痴の闇路なり
闇路に闇路を踏み添えて　いつか生死を離るべき

それ魔訶衍《まかえん》の禅定は　賞嘆するに余りあり
布施や持戒の諸波羅蜜《しょはらみつ》　念仏懺悔修行等
其の品多き諸善行　皆この中に帰するなり
一座の功をなす人も　積みし無量の罪ほろぶ
悪趣いづくにありぬべき　浄土即ち遠からず
辱《かたじけ》なくもこの法を　ひとたび耳にふるる時
讃嘆随喜する人は　福をうること限りなし

況や自ら回向して　直《じき》に自性を証すれば
自性即ち無性にて　すでに戯論《けろん》を離れたり
因果一如の門ひらけ　無二亦無三の道直《なお》し
無相の相を相として　行くも帰るも余所ならず
無念の念を念として　謡うも舞うも法の声

三昧無礙《さんまいむげ》の空ひろく　　四智円明の月さえん
この時何をか求むべき　　寂滅現前する故に
当処即ち蓮華国《れんげこく》　　この身即ち佛なり

（＊4）参考、「神の霊によって導かれる者は皆、神の子なのです。あなたがたは、人を奴隷として再び恐れに陥れる霊ではなく、神の子とする霊を受けたのです。この霊によって私たちは、〈アッバ、父よ〉と呼ぶのです。この霊こそは、私たちが神の子供であることを、私たちの霊と一緒になって証してくださいます。もし子供であれば、相続人でもあります。神の相続人、しかも共同の相続人です」（ローマ8・14〜16）。
「あなたがたが子であることは、神が、〈アッバ、父よ〉と叫ぶ御子の霊を私たちの心に送って下さった事実から分かります。ですから、あなたはもはや奴隷ではなく、子です。子であれば、神によって立てられた相続人でもあるのです」（ガラテヤ4・6〜7）。

（＊5）神と一致体験したキリスト教神秘家や開悟体験した禅者にみられる境涯、積極的全面的受動性とでも言うべき心境に達して初めて「日々是好日」と言えるだろう。しかしわれわれは日常生活において自分の本来の姿を考えようともしない。人間を超越する大自然の活きの中ですべてをさせて貰っている事実を考えず自主的に生きているかのようにわれわれは生活している。道元は「此生死は即ち佛のお命なり、これを厭い棄てんとすれば即ち仏のお命を失なはんとするなり。これに留まりて生死に着すればこれも仏のお命を失うなり。仏の有様を留むるなり。厭うことなく慕うことなき是時始めて仏の心に入る。ただし心を以て計ることなかれ、言葉を以て言うことなかれ、ただわが身をも心をも放ちわすれて、仏の家に投げ入れて、仏の方より行われて、これに従いもてゆくとき、力もいれず、心も費やさずして、生死を離れ、仏となる」と言う（『正法眼蔵』「生死」）。あらゆる執着を捨て、自我を完全に滅却し、道の「活き」と一つになった自己が禅で言う「本来の自己」であることに気づかされる。道の「活き」と一つになって日常生活を生きる時、どのような困難な状況をも克服して、絶対の自由を享受し、行動できる境涯、全面的受動性こそ禅で言う本来の自己の在り方、自己の自由の源である。

「生死は即ち神のお命なり、ただわが身をも心をも放ち忘れて、神の家に投げ入れて、神のかたより行われて」これに従いゆく神と人間との一体化は神の心、神の家に投げ入れる人間の積極的肯定、全面的受動性、絶対的な自己否定によって媒介されて、神へ向かって自己超越するのである。

無門慧開禅師〔一一八三〜一二六〇年〕が講堂に入ってきた。

そして「いいか、心構えはできておるか、僧たる者が何であるか、僧たる者の真面目をしっかり自覚するのだぞ」と言った。僧たちの誰もが老師の次の言葉を固唾をのんで待っていた。

老師は「おお、仏の御いのちのなんと偉大で完璧なことか、仏性は万物悉く〈今、ここ〉に現れている、われわれも尊い仏の御いのちを戴いているのだ。〈今、ここ〉で仏の御いのちの活きに全力を集中し、命をかけて修行に専念するのだ」と言って教壇を後にした。

3 「今、ここ」に活《はたら》く神のいのち――「廓然無聖《かくねんむしょう》」

「月の光に照らし出されない門がどこにあるというのか、月光はどの門にも同じように輝いている」と禅語は言う。霊性の道はいつでも、どこでも実践できる。霊性の道は宗教宗派の思考の枠組み、絶対視されている教義、教条をも超越する。霊性の道は精神共同体的機構を特に組織化する必要もなければ、神殿も大聖堂も必要としない。霊性の道を歩むために剃髪する必要もない。家族や職業を放棄する必要もなければ、教義上定められている厳しい苦行をすることも、深みの次元の一致体験をするために人里離れた閑静なところへ隠遁する必要もない。霊性の道は考えられる限りどのような生活環境にあっても、どのような社会形態においても実践できるのである。すべての人間の精神構造にはこの深みの次元を一致体験できる道が基本的に組み込まれているからである。この深みの次元の一致体験へ突破する者は自らの属する信仰の枠組みの内にそのまま留まっていようが、枠組みの外にいようがこの深みの次元を体験することができるだろう。霊性の道を実践するために日常生活とかけ離れている特殊なことは何一つ必要ではない。霊性的生活は現存する一切の事柄と関連があり結びついているからである。日常生活の「今、ここ」に在る瞬間に神のいのちが「充溢」し、その活《はたら》きが顕現していることを知るのである。

初祖達磨大師（五三六年寂）が禅法を説くためにインドから中国の広州に来たとき、時の梁の武帝［在位五〇二〜五四九年］が達磨大師を都金陵（南京）に招いて「仏法の聖諦第一義（根本義）は何であるか」と尋ねた時、彼は「廓然無聖」（＊1）と答えた。達磨大師はその時、「廓然無聖」と答えたが「一切聖」と答えることもできただろう。一切の存在者にはそのまま時間を超越する根源が顕現しているからである。目指す目標は、通常の日常生活のすべてが根源的存在の活《はたら》きであることを意識して生きることである。「木を割りなさい。私はそこにいる。石を持ち上げなさい。そうすればあなたがたは、私をそこに見出すであろう」［イエスの語録七七］とトマス福音書においてイエスは言う。「なんと不思議なことか、私は木を割っている、水を運んでいる」という六祖慧能禅師［六三八〜七一三年］の言葉もある。真の霊性の道はいずれも日々の平凡な日常の明け暮れの中においてのことなのである。全く平凡な日常生活の中に人格神論的宗教において「神」の名で呼ばれている、時間を超越する根源的現実が顕現しているからである。神のいのちを生きることが真の宗教である。神の望みは生きられることであって、崇敬されることにあるのではない。

霊性の道は存在の根源に達することを目指しているのであり、根源に達すればそこには何も区分されるものはない。存在の根源はどこかにある場所的存在ではない、それは「今、ここ」に存在しているのである。この根源は一切のものに存在している、どのような行為であっても存在している。この根源に注意し、意識して行動するならば霊的修行になるだろう。「私は神のいのちを生きているということを意識せずにパンケーキを揚げたり、裏返したりすることはない」とフランス人修道士ロレンツは言う。またある僧が唐末の雲門文偃禅師［九六九年寂］に対して「仏とはいかなるものですか」と尋ねた時、雲門禅師は「乾尿橛《かんしけつ》」と答えている。（＊2）どのようなものにも仏は存在しているということである。

要するに霊性の道において何か非日常的な特別のことが求められているのではない。われわれはただ「今、ここ」という瞬間に生きるという境涯に達して、今まさに行っている事柄と一体になることを目指しているに過ぎない。存在するものの根源はわれわれのすぐ傍、「今、ここ」に存在しているからである。ハシディズム［一八世紀のウクライナ、ポーランドのユダヤ神秘主義運動］の信奉者の話もこれと同様な考え方を物語っている。ある男がハシディズムの優れた教師である説教師の所へ行く理由を次のように述べている。「私が説教師の所へ行くのは、彼の説教を聞くために行くというよりも、彼がフェルトの部屋履きの靴ひもをどのように結び、ほどくのかその様子、彼の日常生活の現実をこの目で見たいからである」と言う。

平凡な日常生活に心の最奥底の根底である神を体験する

イエス自身がわれわれに示したこと、われわれに課せられている唯一の課題とも言うべき使命は全き人間、真の人間になるということである。イエスは啓示を受けたタボール山頂にいつまでもとどまってはいなかった。タボール山から下って、イエルサレムへ行った。そこで苦しみと死によって自分に託された使命を果たすためである。イエスの生涯はあらゆる問題に挑戦する困難に満ちた日々であり、深みの次元における体験を試練に耐えて証す必要があったからである。霊性の道の導師と呼ばれている人々はみなこの深みの次元を体験し、体験の事実を証するよう勧めている。スーフィズムの信奉者アビル・カイア［Abir'l-Khair］は「真の聖人は民衆のなかに出かけ、人々の中に入り込む、民衆と共に眠り、共に食事をする、市場で物を買ったり売ったりしている、民衆の会話にも加わることもあるが、しかし一瞬たりとも神のことを忘れることはない」と言う。霊的道は極端な脱魂法悦の状態に入ることでもなければ、また連続して恍惚の状態に入ることが重要なのでもない。亡我法悦の状態は深みの体験するための通過の段階に過ぎない。目標はわれわれの平凡な日常の生活において心の最奥底の根底である神を体験することにあるからである。

いずれの霊的体験も必ず日常生活において実証されているのである。このことは十二世紀後半、中国北宋時代の禅僧廓庵禅師の『十牛図』にもはっきり描かれている。最終第十図、「入《にっ》鄽垂手《てんすいしゅ》」には出世間より再び世間に戻ってきた布袋の姿が描かれている。「頌って言う。彼は痩せ衰えた胸を露わにし、素足で市にやってくる。顔は砂塵にまみれ、泥をかぶりながら、顔じゅうを口のようにしてニコニコと語りかける。神仙などに用はない、真に驚くべき秘術、ずばりと枯れ木に花を咲かせる」。(＊3)

このように全く普通の日常生活において体験したことのすべてが証しされるのである。その場合に、体験したことのすべてによってその人間が内面的に変容させられたかどうかが分かるのである。ヨゼフ・ボイス（Joseph Beuys）(＊4)が「神秘的なことは中央駅でも起こる」と言うとき、彼はこのことを十分承知していた。この世間の雑踏の中でも神秘的なものの顕現、神の受肉、空と形相、神とこの世、精神と物質の神秘的一体である現実が祝われるのである。われわれが目指して努力する目標は、どのような課題を果たす場合でも、どのような仕事をする際にも形相あるもののすべて、あらゆる動きの一つひとつに、この神秘的な「一なるもの」のいのちを体験することなのである。瞑想と日常的行為とはそれゆえ対立するものではなく、共に神秘的な「一なるものである」現実を体験することなのである。真の神秘主義は常に日常生活を生きることのうちに常に神性なるものの根源を把握することが重要である。それゆえ神秘主義者は世間から遠ざかって隠棲し世間を見下しているような者ではない。マイスター・エックハルトは説教のなかでこのことについて次のように言っている。「人は原野を越えて行き、祈りの言葉を唱え、神を知ると言う。あるいは教会の中に神はいる、教会において神を知るとも言う。人々が静寂な場所に留まることによって神をよりよく認識できるならば、それはその人の信仰の至らなさによるのであって、神に原因があるからではない。神は一切のどのような事柄においても、どのような場所であっても同様に存在し、神の力の及ぶ限り喜んで同じように自分を与え顕現しようとしているからである。どこにいようとも神を変わらない存在として認めることのできる者のみが神を正しく認識しているのです」。

外界で行われる事柄は内面的世界にも影響を及ぼすのである。したがってわれわれの外界における振る舞いは常にわれわれの内面と関連があるに違いない。禅寺においては箒を手にとり、箒で掃き掃除を始める前におじぎをする。この行為によって表されているのは、掃除をするのは私ではなく、私の真の存在が今ここにいるこの私という人間の姿に箒で掃除をさせるのだということである。ベネディクト修道院においては時を告げる鍾が打たれるが、その度ごとに一分間瞑想するために、その時に使っている道具の使用を止める、あるいはコンピューターから手を離すのである。「今ここに臨在する神に心をとめること」。これはキリスト教の伝統である。それは、働いているのは私ではない、私というこの人間の姿で神の根源的いのちが活いているのであり、そして神が私に顕現しているということである。したがってわれわれがここで行っている禅の接心においても、観想のコースにおいても、歩くこと、働くこと、食事をとることを含む一切の行動は、現在ここで沈黙のうちに行っている坐禅と同様に重要視されているのである。

意識的に呼吸することによって「今、ここ」を生きる

あまりにも慌ただしい日々を過ごしているわれわれはその現実を振り返ってみる機会を持つことが必要だろう。人々はこの現実から逃避しようとしてさまざまな事柄によって気分転換をはかり、心をまぎらわそうとしている。過ぎ去った過去の出来事にいつまでも捉われ、また将

来の事柄に不安を抱いてばかりいるからである。意識的に呼吸することは「今、ここ」にあることに意識を集中するために役立つだろう。このように意識的に呼吸をすることによって自分自身を取り戻すことのできる機会はいくらでもある、バスの停留場で待っている時、買い物の行列をしている時、医院の待合室でなど。われわれが行っているほんのちょっとした行動、例えば階段を上る時、ドアを開ける時、手を洗う時、赤信号で待っている時などである、その行動に心から注意し、意識的に呼吸をすることよって、「今、ここ」に在る本来の自分自身を取り戻すならばどのような機会であれそれは霊的修行になるだろう。「今、ここ」にあることを意識して生きることを実際に修練する機会はいくらでもある。霊的修行はすなわちわれわれが現在行っている事柄にすっかり意識を集中して、今ある自分になりきること、何ごとも「今、ここ」に真剣に立ち向かうということである。

そうすることによっていくつかの事柄を同時に行うこと、例えば食事をしながら新聞を読むこともおそらく難しくなるだろう。われわれは現在行っている事柄に意識を集中して行動することを繰り返し学ぶ必要がある、つまり意識して料理をする、意識して食事をする、意識して仕事をした後に自由時間も意識して過ごすことである。このような生活の在り方は一寸考えると窮屈なことのように思われるかもしれないが、このことは実際本来のあるべき生活への取り組みの始まりなのである。

禅の接心の道あるいはキリスト教的観想の道を歩み始めようとする場合にかなりの人々は即座にあまりにも大きな期待を抱きすぎるのである。神性なるものの活きが人生のごく些細な事柄にまで顕現しているということを理解できるようになるまでの道のりは遠い。次のような話がこのことを明らかに物語っている。

禅寺における長年の修行を終わって、冷静明晰な意識に達していた僧が老師に、この世と自分自身の究極の真理を見出すために山中に入り修行する許しを求めた。老師は彼を森に行かせることにした、許しを得た僧は一人旅の支度をして出掛けた。森に入る手前で一人の老人に出会った。その老人は僧に尋ねた。「あなたさま、どちらへいらっしゃるのか」。僧は「私は禅寺での長年の修行を終わった今、真の真実を知りたいと思っている。魂の最内奥の核心に触れたいのです。お教えいただきたい、悟りについて何かお教えいただけないでしょうか」と言う。老人は何も言わずに黙って彼が背負っている旅の荷物をおろさせた。この瞬間にその僧は目覚めた。「悟った後にどのようなことがあるのでしょうか」と老人に尋ねた。その老人は彼がおろした荷物を再び取り上げるとその場から何も言わず黙って立ち去っていった。

数多くの禅の話によれば気づきは日常生活の瞬間の出来事であることを教えている。その場合日常生活とかけ離れた特別の状態というよりは、むしろこの「今、ここ」という瞬間の出来事において究極的実在が体験されるからである。それゆえ禅においては「悟り」体験について語ることをあまり好まない、むしろ「究極的実在との一致体験を目指して努力する」ことについて語られることのほうが多い。非の打ち所がない完璧な聖者として尊敬されている、威厳のある羅漢（Arhat）が禅の理想像ではなく、空と色をそれ自体一体のものとして、すべての存在の救済に向かって努力する衆生済度を悲願とする大乗の菩薩［菩提薩埵］の姿が理想とされている。無を体得することにより道は一切の事柄に通じている。真の神秘主義は現世の事柄に対して肯定的であり、現世主義の全く新しい形なのである。

神秘主義的体験によって無邪気な人間中心主義や地球中心主義を乗り越え、過去のものとした人間はわれわれが最奥底の存在の根底、根源的力動性の展開である世界宇宙森羅万象のプロセスの内に組み込まれている存在であることを理解するのである。生まれることも死ぬことも、善も悪も、根源的活きである神のいのちを「今、ここ」に生きるということに他ならないことを認識する。一切の事柄には神性なるものの創造的いのちが活いている。この神性なるものを体験することによって人間それ自体の有する創造力も活性化されて、人間は世界と同胞とに対する責任を果たすことができるのである。

神秘的な次元はわれわれ人間本性の本質である。人間の本性の本質が「〈神〉の本性である神性なるものの核」であることを認識することがわれわれの人生の目標である。倫理のすべてはこのような認識に基づいている。われわれは最奥底の次元で「一なるもの」、全体、他の一切の存在と結びついていることを理解できるのである。われわれがばらばらに分断され、「一なるもの」と分離して、離れ離れになっている存在であるという考えは誤った思い込みであり、人間存在についての最大の思い違いである。人間存在が究極的実在と分離した存在であると考えられている限り、いつまでもわれわれは人間存在に疑念を抱き、存在が無意味であるという思いに苦しむのである。われわれは毎日、自己省察［己事究明］する時間をつくるならば、究極的実在との一致体験に絶えず近づくことができるだろう。

神秘主義の道を歩むことよって人間は内面から変容する。叡智、無我、精神の集中、心の平静、倫理的行動はこの内面的変容のプロセスから次第に生じてくる、そしてわれわれの意識は人間的分別心を超えて広がるのである。それにより人生に明確な解釈と意義づけがなされ、死と死後のいのちの継続についても包括的な理解の仕方ができるようになる。日々修練を重ねることにより人間の存在は確かに質的に変化し、われわれは日常生活上、人々にふりかかる日々のさまざまな課題や争いごとに比較的沈着冷静に対応し、寛容な態度をとることができるようになる。喜びと苦しみが表裏一体であること、豊かに生きること、人間的成長に役立っていることを知る。誕生して死を迎えることになるつかの間の一回限りの人生という舞台の踊りに過ぎないことを認識することに価値があり、日々の生活を寿ぐことができるようになる。この神秘主義的体験がわれわれの日常生活にまで影響を及ぼすようになれば、われわれの抱くさまざまな動機や期待している事柄に対する姿勢も変化するとともに、不信感、敵意、不安も消滅することになる。このことがより良き世界形成、世界の改革、改善の根本原理である。同時に社会、政治、経済の変革にも影響を及ぼすことにもなるだろう。われわれは社会全体を構成する部分であり、公共に役立つための部分として社会に貢献しなければならないことを理解する。われわれの歩んでいる霊性の道は社会に対して責任を果たすことになる。霊性の道を歩む者は社会的活動を開始し、行動し、同じ共同体の一員になる。霊性の道は人生に肯定的であり、世界の人々に注意をはらい、人間存在の尊厳を守るために力を尽くし、自然と動物愛護保護育成の課題にも積極的に参加する。霊性の道の根底は愛の倫理だからである。

霊性の道によって愛を体験することによってのみ人間の有する貪欲、不安、自己中心癖を超克し、心を高く挙げ、意識をより高い次元に開くことができるようになるだろう。一致を体験することによって宇宙森羅万象への愛が愛の極致であることに気づくからである。世界宇宙森羅万象に対する愛に目覚めることはわれわれの直近の課題であると同時にわれわれすべての人々が関与する根本的な革命的変革である。これはすなわち愛による内面的な革命的変革である。ずたずたに分断され、分裂している現代世界を救うためには、このような愛による革命的変革を体験すること以外に道は考えられない。

（＊1）『碧巌録』第一則、「廓然」とは何の執着もない無心の境地。「無聖」とは一切の二元的対立を空じた絶対の世界では「聖」をも否定する。仏法の真髄を尋ねた武帝に対して、達磨は分別心による相対的認識に捉われないこと、無心こそが仏法の極致であることを諭した。

（＊2）『無門関』第二一則、「雲門の屎橛」。雲門和尚は「仏とはどういうものですか」、と尋ねられて、「乾いたくその塊じゃ」と答えられた。乾いた糞尿、糞尿のついた篦のようなもの、どんなものでも仏の心を宿していないものはないという。

（＊3）『十牛図』この段の主人公は布袋和尚である。弥勒仏の化身とされる。第十「入鄽垂手《にってんすいしゅ》」、「入鄽」とは街に行く意。人々の中に現れては隠家に帰る、市中の隠者。「垂手」とは手をぶらりとさげて、何もしないこと。「無為にして成仏させる」力を身につけた「無為自然」の悟りの境涯、教導するというのではなく、共にいるだけで、接するだけで、枯れ木に花を咲かせるほどの生命力を蘇らせる衆生済度の姿が描かれている。

『十牛図』上田閑照、柳田聖山、筑摩学芸文庫、二〇〇五年

『十牛図』山田無文、禅文化研究所、一九五六年、参考

（＊4）Joseph Beuys（1921～1986）ドイツの現代美術家、社会彫刻家、芸術と社会を関係づける政治的社会活動家

ユダヤ教の教師が自分の弟子たちに、あなたは非常にお忙しいにも関わらずどうしていつもそんなに落ち着いておられるのですかと尋ねられた。

その教師は「私は座っている時には、座っている、立っている時には、立っている、歩く時には、歩いている」と答えた。

すると彼の弟子たちは「私たちも先生と同じようにしていますが」と言った。その教師は「そうではない、あなたがたは座っている時に、すでに立ちあがっている。あなたがたは立っている時に、すでに歩きだしている。あなたがたは歩いている時に、すでに目的地にいることを考えている」と答えた。

4　瞬間の秘跡――「ご用心、ご用心、ご用心」

注意深くあるということはすべての霊性の道の出発点であり核心である。注意深く生きることの根底には究極的実在は「今、ここ」においてしか体験できないという考え方がある。この究極的実在との一致を体験できる段階に到達するためには「今、ここ」という瞬間を注意して生きる修練が不可欠である。修練によって教えられることは常にわれわれがどのようなことを行うにしても「今、ここ」という瞬間そのものになりきって行動することである。絶えずわれわれが人生を「今」という一瞬一瞬を意識して生きること、そうすることによって充実した人生を生き抜くことができることを教えられる。今という瞬間に注意をはらうということは霊性の道において最重要な修練であるが、最も難関な修練でもある。注意するということは最高の叡智を言い表す言葉である。次のような禅の話がある。

ある男が一休禅師［一三九四～一四八一年］に尋ねた。「御老師様、最高の叡智の根本的規則のいくつかをお示しいただけませんでしょうか」。老師は即座に筆と紙を取って、「ご用心」と書いた。男は「これがすべてのことでしょうか、もう一言つけ加えていただけませんでしょうか」と尋ねた。

すると老師は再び筆をとり、「ご用心、ご用心」と書いた。男は少し苛立ちながら、重ねて「これがすべてのことなのでしょうか」と尋ねた。すると老師は再び筆をとり「ご用心、ご用心、ご用心」と書きたした。(*1)

要するに霊性の道において特別のことが行われるわけではない。つまり瞬間に没入し、現在行っているそのこと、「今、ここ」の瞬間と一体になることを心がけるだけである。このような「今ここ」に集中する修練を積めば、われわれが大抵の場合、現実の生活を考えてみれば、今という瞬間と全く一体化していないばかりか、過ぎ去った過去に捉われ、あるいはまた将来の事柄に不安を抱き思い煩わされてばかりいることが分かるだろう。しかし考えてみれば、生きるということはこの瞬間、「今、ここ」のことでしかない。注意するということを実践することによって、われわれは繰り返し「今、ここ」という瞬間の意識に呼び戻されるのである。注意するということの実践は仮の自己である自我の働きを絶えず遮断するということである。するともはやわれわれは日常の習慣に流されてしまうことはない。意識する事柄にそのまま簡単に流されることなく、注意することによって繰り返し「今、ここ」という瞬間の意識に戻ることができるのである。このような修練を積み重ねることによって人間存在の深みの次元への道が開かれるのである。

キリスト教的神秘主義においては瞬間の変容する力に基づいて「瞬間の秘跡」が語られる。キリスト教神秘主義にとって注意深いことは他の一切の秘跡にもみられる根源的秘跡と考えられている。キリスト教神秘家ジャン・ピエール・コサード（Jean-Pierre de Causade）（＊2）は彼の著書『神の摂理に対する自己放棄、献身的没入』の中で次のように書いている。「あなたは神を探し求めているが、神はどこにでも存在する。一切のものがあなたに神の存在を教えている。神はあなたの傍に来て、あなたを取り巻き、あなたに浸透して、あなたの心の中に留まっている。それにもかかわらずあなたは外界のどこかに神を探し求めようとしているのだ。あなたは神の表象を外界に求めている、そうすることによって神を本質的に自分のものにすることができると思っている。あなたは完全無欠なものを外界に追い求めている、しかしながら完璧なものはあなたが求めずして、今出会っているすべての事柄にある。あなたの悩み、苦しみ、あなたの行い、あなたの内心の衝動の姿、神自身はあなたの行動のすべてに顕現している。それにもかかわらずあなたは神が何ら望んでいない崇高な表象を外界に求め続けて無駄な努力をしているのである」。

われわれの人生の一瞬一瞬は常に「神」という名称で呼ばれている私の言う根源的現実を体

得すること、聖体拝領することなのである。神は「今、ここ」という瞬間でしか体験できない。キリスト教神秘家詩人アンゲルス・シレジウス（Angelus Silesius）（＊3）は「そのうちきっと神と神の光を見るだろうとおまえは言う。なんと愚かなことか、今日という日に神を見なければ、おまえは決して神を見ることはない」（怠慢な人間は神のもとに行けない）と言う。われわれの人生の意味と霊魂不滅の神秘は「今、ここ」という瞬間に見出されるのであって、この「今、ここ」という瞬間に見出すことができなければその意味も神秘も見出すことはできないだろう。

「今、ここ」という瞬間を生きる

「瞬間の秘跡」と言われることはどのようなことをする場合も注意深さに目覚めていることである。したがって注意深いことはすべての霊的修練において何よりも重要視されているのである。意識して歩くこと、身体を動かすこと、身体的修練、例えばヨガ、気功、太極拳、スーフィー教徒の回転する動き、これらの祈りの動作はいずれも「今、ここ」に在るという意識に基づくものである。われわれがこれらの体の動きと完全に一体化するならば、それらの身体的修練はわれわれの真の存在を体験することができるだろう。人々はジョギングしている時など、あるいはその他の運動においてもその運動に意識を集中している時、深みの次元における一致体験に類似した体験がみられるということはよく知られている。人間が体を動かすその動きそのものと完全に一体化して、時間も目的ももはや意識しなくなると新しい意識が開かれるのである。

根源である神のいのちは一切のものに満ち溢れている。その根源は絶えず今という瞬間に流出している。われわれはほんのつかの間、今ここにある人間の姿で「神の祝宴」の席に招かれているのである。われわれの人生は数十年間、数年間、ひょっとするとわずか数日間の生涯であるかもしれない。しかしいずれにせよ人間は最終的に終わりの日を迎えることには変わりはない。生後間もなく死亡した幼児も、瀕死の八十歳の老人がこの世における使命を果たして死を迎える場合も同じようにこの世における人生最後の使命を果たすのである。

充実した意味ある人生であったか、否かは人生の長さにあるのではない。根源的神のいのちは生存した年月の長さにより測られるものではない。神のいのちは今という瞬間を生きることによって満たされるからである。唯一決定的なことは「今、ここ」に生きるということであって、後になってから過ぎ去った過去を振り返るのではない。神の国はわれわれの心の中にあるのだから、アンゲルス・シレジウスは「おやめなさい、おまえはどこへ行くのか。神の国はおまえの心の中にある。おまえが神をどこか他の場所にいくら探し求めても、いつまでも神に出会うことはない」と詠う。禅においては「今というたった一瞬の意識のうちに劫（Kalpas）［悠久の宇宙論的時間全体］を直観的にとらえると言う。その場合、裸の今というこの瞬間を直観的にとらえることに他ならない。われわれが〈今ここ〉という瞬間、一瞬の意識の存在の意味を見抜くならば、その時われわれは観ている者自体の存在の意味をも見抜いているのである」と言う。「最内奥の根底である神」のいのちを考えるならば、その活きである、時間を超越する絶対的現在、「永遠の今」しか存在しない。「永遠の今」という瞬間を生きるのみである。われわれの最内奥の根底的存在である神のいのちは誕生したものでもなければ、破壊され得るものでもない。このような認識からマルチン・ルターは有名な言葉を残している。「私は明日死ぬことが分かっていても、今日、りんごの木を植えるだろう」と。また、ソクラテスが死を迎える前夜、弟子たちは師ソクラテスに尋ねた。「あなたは死を前にされているにも関わらず、なぜ竪琴の演奏を習おうとされるのですか」と。ソクラテスは弟子たちに「この世を去る前に竪琴を弾きたいからだ」と答えたという。「今、ここ」という「永遠の今」である瞬間を何にも捉われずに思うままに生きるためには神のいのちへの信頼と勇気が求められるのである。

日常生活全般に注意をはらう

伝統的な諸宗教においてはこの世の俗世間的な事柄を捨て去ることによって、この世から解放され来世における救いと平安が保証されるのである。救いは来世に約束されていると死後の世界、彼岸の世界に救いがあることが説かれるのが常である。来世において絶対的なもの、神性なるもの、空、計り知れない無名の存在に直接出会うことができるとされているのだが、現代にふさわしい新しい霊性は東西の神秘主義的道を統合して、来世に救いを求めるのではなく「今、ここ」に生きることを中心課題としている。言表不可能な存在はまぎれもなく今ここにある形相に、今という瞬間、「今、ここ」に示現しているからである。この世の生活を終わり、帰天し、天国に入る、あるいはよみがえり、天国の浄福と救いを得ることが重要なのではない。むしろ「神」と呼ばれている究極的実在は宇宙森羅万象に、今ここに在る一切の存在者、われわれ人間にも「顕現」しているからである、神のいのちの「充溢」したこの瞬間を認識することが重要なのである。ゆるやかに展開している究極的実在、神の舞いと考えられる「今」というこの瞬間である神の歩調にわれわれも歩調を合わせて生きることが重要なのである。存在する一切の事柄は疑いもなく「今、ここ」に一つに結びついているということに気づき、認めることである。このような体験に基づいた生き方は決定的に特異な性質をもっている。このような生き方を体験することにより忘れられ、それまで閉ざされたままになっている門はこじ開けられ、宗教的信条すらも放棄させることになり、人生行路において予想外の思いもよらない結果をもたらすことがあるかもしれない。このような生き方はついには日常生活全般にまで及ぶことにもなるだろう。

われわれのこの世における唯一の考え方は、神、空、ブラフマン、アラー等さまざまな呼び名で呼ばれている究極的実在は「今、ここ」に顕現しているということである。究極的実在は「今、ここ」というこの瞬間に臨在し「充溢」しているのである。神秘主義的霊性を生きるということは日常生活の一切の事柄において「今、ここ」の「充溢」の瞬間に「注意する」ということに他ならない。神秘主義は特殊なもの、個人的な事柄を超越すると同時にそれらを一緒に包み込んでしまうのである。霊性の道、神秘主義の目指す目標は生活全般を支える基盤としてトランスパーソナルな、超個的な意識領域を日常的に体験できるようになることである。

人間が究極的終焉、死を迎えるにあたって実際何が問題なのかと言うならば、つまり死を迎えたその時に完全な人間、真の人間であることである。「永遠の今」という瞬間しか存在しない。この「今、ここ」というこの「永遠の今」、絶対的現在を生きることを忘れてはならない。

（＊1）真に用心するということは、日常いつでも「今、ここ」に心を用いること、「明日がある」と思うな、「今、ここ」という瞬間に注意を払って生きることである。その男が用心の意味を訪ねると、「用心の意味は用心することである」と一休禅師は言った後に「明日ありと思う心のあだ桜、夜半に嵐の吹かぬものかは」と添え、「いつ人間は死ぬかわからぬ。それでご用心と書いたのじゃ」と言われて、一休の有り難い心持をのむことができたのである（『禅僧の問答』中央出版社、一九三一年、二八七頁）。

（＊2）J. P. de Causade（1675~1751）フランス人のイエズス会士。霊性について神と人間の霊性における成長とその役割の関係を説明した。『神の摂理に対する自己放棄』と題する著書の中で「神の意志と方法への大胆な降伏」が必要であると言う。摂理に対する降伏の行為そのものが人間の意志であり、神への服従という意志の決断の行為なのである。神の意志を積極的に見極め、喜んでその意志に服従し、勇気をもって降伏し神の意志にゆだねなければならない。霊的成長は本質的に受動的な人間の本性に与えられた神の恵みの行為の結果である。

（＊3）Angelus Silesius（1624~1677）は現在ポーランド領ブレスラウに生まれた。本名はヨハネス・シェフラー（Johannes Scheffler）。一六五三年にカトリックに改宗した。改宗を機会に幼い頃から人々に天使と呼ばれていたことから、アンゲルス・シレジウスというペンネームを用いるようになった。シレジア地方の神の使いという意味である。一六五七年『瞑想詩集』を出版、その後『ケルビムのごとき旅人』（Cherubinischer Wandersmann）と題名を変えて刊行された。その際初版の題名を副題として「神的な瞑想へと導くための精神性豊かな感性と脚韻詩」（Geist-Reiche Sinn-und Schluss-Reime zur Göttlichen Beshauligkeit anleitende）と付記されている。同年『宗教的羊飼の歌』（Die geistliche Hirtenlieder）が出版さている。シレジウスの詩型の大部分は「二行詩」という特異の詩型式である。その主題はエックハルトの「神の子の誕生」と言えるだろう。「神との神秘的一致」、神との出会いを目指した瞑想を通して、ひたすら内面への旅を続けた神秘家の瞑想詩集である。「キリストが千回ベツレヘムに生まれても、あなたのなかで生まれなければ、永遠に無意味である」と言う。

イェーガー師はこの『瞑想詩集』のなかからしばしば引用している。邦訳として『シレジウス瞑想詩集』上下巻、植田重雄、加藤智見訳、岩波文庫、一九九二年、がある。

トマス・アクィナスは死の直前イタリア、フォサ・ノヴァ（Vosa Nova）の教会におけるミサの最中に神秘主義的深淵な啓示体験をした。彼は秘書でもある同僚の修道士にその神秘主義的体験をしたことを明らかにした。しかし誰にもこの体験については話さないでほしいとその同僚に頼んだ。「私はたいへんなものを見てしまった。それに較べれば、私がこれまで著述したもののすべては藁くずのように思われる。私は自分の仕事を終えて、ただ終わりを待つばかりだ」と語った。（＊1）

5　沈黙の力──「神の前に言葉を出そうとするな」（コヘレトの言葉5・1）（＊2）

「おお、ここに集まれる心気高き朋友よ、雷鳴のように鳴り響く法の声を聞きたいと思うならば、よけいな無駄口を慎み、おまえたちの考えを空ずるのだ、そうすれば唯一の存在を知ることができるだろう」。

大応国師［南浦紹明一二三五〜一三〇八年］が明白に述べているこの唯一の存在を知るためには、心の平静、沈黙による意識の集中が必要である。それゆえ霊性の道のすべて、キリスト教的観想も禅の道、ヨガのヴィッパーサナー瞑想、スーフィズムやカバラの伝統においても沈黙して内奥に沈潜し意識を集中する修行が行われる。これらすべての霊性の道は究極的に同様な根本的修練方法であり、共通する目標を目指している。

私は禅の道とキリスト教的観想の道の両者を体験することによって、この二つの霊操の道には迷妄を醒まし、精神を整える力があることを繰り返し確信した。心の迷妄を醒ますこれらの作用にあずかるためには、しかし日常的な自我の働きを一時的に抑制する覚悟がなければならない。霊性の道によって自我の働きを抑制し、自我の働きの限界を超えることによって特別の反応が呼び覚まされ、やがて深みの次元で把握される認識のプロセスが整えられるからである。決定的な問題はしたがって次のようなことである。いかにしてわれわれは全き人間、真の人間になるための道が見つけられるのかということである。どのようにすれば心の最奥底の根底的存在との結びつきが得られるのか。そのために東方世界の叡智の道もキリスト教的神秘主義の道も昔から意識の集中と心の平静を保つためのさまざまな修行様式を心得ている。長時間心静かに沈黙する只管打坐、呼吸を整えて坐禅に没頭すること、またある特定の決まった短い言葉を用いる観想、あるいは声を出してその言葉を唱える修行方法などがあることを東西世界の修道者たちは心得ていた。しかし何よりも重要なことは沈黙に徹することである。沈黙することによって新しい意識が開かれて、一切のいのちの根源が体験されるからである。

霊性の道の二つの修行様式

霊性の道には根源的存在との一致体験するためにさまざまな修行様式がある。すべての修行様式にとって本質的なことは沈黙に徹して静穏な次元に没入するために日常の意識を沈黙させることである。心を一点に集束して、平静な心の状態に保つことができれば、自我意識の包囲網から解放されるだろう。とりわけ深みの次元を体験するには二つの術がある。私はここに最も一般的に広く行われている霊性の道の二つの基本的様式を示したいと思う。禅においてもキリスト教的観想においてもこの二つの基本的修道様式をとっているからである。すなわち意識の集中と意識の空化である。

「意識を集中する」方法は心を一点に集束することに始まる。これは呼吸の仕方、声を出して言葉を唱える、ある決められた動作を行うことによって行われる。いずれの場合にも一点に意識を集中すること、意識と一体になることが重要である。禅においては呼吸法あるいは無字の公案に始まる。ヨガにおいては聖なる一語「オーム」（OM）を唱える、あるいは呼吸法である。スーフィー教徒では「アッラーフ」（Allah Hu）〔アッラーは最も偉大である、という祈りの言葉〕あるいは回転の動作である。キリスト教的観想では短い言葉「イエス」、シャローム（Shalom）〔平和〕、あるいはイエスの祈りの言葉が用いられる。

歩行を継続することによる修行もある〔禅においては経行（きんひん）、歩行禅〕。その場合に一歩一歩、歩くことに意識を集中する。長時間意識を集中していると、ついには呼吸、音声、動作が一体化する。このような状態になった時に新しい認識の次元が開かれるのである。

霊性の道の第二の修練の様式は「意識の空化」である。意識が反応しなくなるような状態になるまで努めることである。意識ははっきり目覚めているが、しかし何ものにも捉われることもなければ、束縛されてもいない。一切のものが映し出されては消え去ってゆく、さながら磨きつくされた鏡のような状態になる、何かある特定の事柄と同一化することはない。意識は言わば意識そのものになる。自我の働きを抑制し、自我のすべての働きを鎮静化することが重要なのである。神秘主義において人間の「真の本質」、真の事実、真の自己と呼ばれているものが姿を現すためには自我の働きを完全に沈黙させなければならないからである。これは言葉や表象によっては表現できない「空」を覚知するための修行である。しかしこの空には特別な性質がある。キリスト教的観想においてこの修行は「静謐の祈り」と呼ばれている。

思慮分別と情動的な働きを鎮静化するために、一切の心の働き、観念的思考はこの修行の道においては重要視されない。瞑想している者はどのような事柄であれ内容のある事柄を意識的に受け入れることができない。一切の表象や概念がはぎ取られてしまっているからである。禅においてこの修行様式を「只管打坐」と言うが、これは沈黙のうちにひたすら坐禅に徹することである。チベット仏教においては「ゾクチェン」(Dzogchen) と呼ばれている。空を体験可能にするための修行である。これらの修行に求められるのは純粋な注意である。何かある事柄について注意することではない、ただ「今、ここ」という瞬間、「永遠の今」を生きることにひたすら注意するのである。著者不詳だが『不知の雲』（＊1）を著述したキリスト教の修道士はこのことを「あるがままの存在を覚知すること」であると言う。

沈黙への道の記述

西欧キリスト教世界の偉大な神秘家十字架のヨハネ〔Johannes von Kreuz〕とマイスター・エックハルト〔Meister Eckhart〕は沈黙への道の記述を残している。十字架のヨハネはこの沈黙の修練を「心を込めて注意すること」あるいは「全面的に受け入れることである」と言う。この沈黙の修練は心をあるがまま静かにみつめることである。心にははっきりとそのままに映し出されているからである。著書『愛の生ける炎』（＊2）のなかでこの修練について次のように書いている。「人は神に心を込めて注意を注ぐ必要がある。特別な行動をするのではなく、ひたすら神に注意を向けさえすればよい。つまり人はひたすら受け入れる姿勢が必要である。自分自身の力によって懸命に神を探し求めることではない」。愛をこめて注意を怠ることがなければ眼が開かれるように、ためらわずにひたすら心を込めて注意することである。

心を込めて注意するということは心の最奥底から聞こえる声に注意深く耳を傾け聴くことである。聴従することである。「心の最奥底の中心にあるのは神である」からであると十字架のヨハネは言う。存在のこの根底を日常の意識のままでは容易に気づくことはできないだろう。われわれの知性、感性、意志の声があまりにも騒々しすぎるからである。それゆえ辛抱強く修練を続けることが何よりも重要である。このために修練の基本となるのは沈黙して坐禅すること、呼吸を整えることである。禅の接心においては毎日十時間、身心のすべて、総力を挙げて精神を集中統一して坐禅が行われる。接心には初めのうちは積極的姿勢が求められる。心から注意する状態を積極的にとり続けるように努めなければならないからである。坐禅を忍耐強く続けることによって、ついには知力、想像力、記憶力、意志の力をも沈黙させてしまうことができるからである。心から積極的に「注意する」ことはここで設けられている修練コースにおいてだけで行われているのではなく、われわれの日常の日課のなかでも同様に求められるのである。

『不知の雲』のなかで、「このような修練はあなたの日常の仕事の妨げになることはない。あなたはあなたの日々の仕事に専念すると同時に、あなたの存在に心の底から注意するように心がけようとするならば、あなた自身が神と一体である存在であることにほとんど気づいていないことに考えが及ぶだろう。思えばあなたは何も考えずにただ飲食し、睡眠をとり、目覚め、歩き、行動し、話し、聞き、就寝し、起床しているのだ。ひざまずき、歩き、馬に乗り、仕事をし、そして休息をとっているだろう」。霊性の道を次の段階へ進むための修練をさらに継続するための極めて重要な前提条件の一つは断固たる決意の固さである。それに加えて十字架のヨハネは神についての一切の観念、表象、考え方をも放下することが必要であると言う。意識の徹底的空化が要求されるからである。修練においては無限、永劫なるものへの純粋な注意が重要だからである。それを十字架のヨハネは「無」［Nada］と言い表したが、これは禅において体験される「空」のことである。

M・エックハルトもこのこと、無になって生きることを勧めている。彼の指示していることは禅の老師の説く無に極めて類似している。エックハルトは一切の事柄を放下、離脱して、世俗の事柄に全く捉われないことの必要性を説いている。無になって生きるためには五段階が必要である。すなわち心の平静、意識の集中、放下、内なる貧しさ、離脱することである。

心の平静を得るためには外界の一切の事柄からの離脱と概念的思考を鎮静化し、無化することが求められる。「いかなる意見の表明も主張も消し去らなければならない。自我は死ななければならない。ただそこに残るのは静穏、完全に沈黙することだけになるに違いない」。このことが必要であるとM・エックハルトは言う。この意識の集中は意識の拡張のための前段階である。このことは一寸考えると意識を狭めることのように思われるだろうが、実際には意識は拡張するのである。「意識の集中が進めば進むほどますます意識の働きは狭められ、意識の働きが狭められれば狭められるほどますます意識は拡張されるのである」とエックハルトは言う。

自我意識の働きを抑制すること、自我の死はいずれの霊性の道にとっても真の本質、実在を体験するための前提条件である。人間は一切の事柄の放下を努力して自分のものとする必要がある。すでに一旦放下したことを振り返ることもしてはならず、放下しようと思うことすらも放下する必要がある。神についての解釈、理解されていることすらも霊性の道においては放下する必要がある。一切を放下し、離脱する決断をM・エックハルトは十字架のヨハネと同様に求めている。「具象的に表現されている一切の事柄を断ち切り、無相の存在と一つになりなさい」と言う。

このような内面的修行によって心の働きのすべては沈静化して、ついには自分自身の深みの次元を認識できるようになる。この体験は必然的に無に通じている。M・エックハルトは言う、「離脱した心は最高の位置にあるので、離脱した心は無であるに違いない、無には極めておおきな受容力があるからである」。M・エックハルトの説くキリスト教の観想の道と禅の修行の道とは同質でありほとんど区別がない。

十字架のヨハネは「体験の七段階」について語っている。彼はすべての段階の特徴を「無」(Nada, Nichts）であるという、その最終的頂点すら彼は「無」であると言う。人間が自我を完全に放下しきった時に初めて、神性なるものが人間の心の深みの次元に現れるからである。このことを「神の子の誕生」とM・エックハルトは言う。自我を完全に放棄することは意志の力と関わりがないに違いない。意志の力をもってしては何も捨て去ることができないからである。われわれ西欧人は意志をもって行為することによって一切のことを達成して結果をもたらすことができると常に考えている。しかしこの新しい体験の領域が開かれる場合には心の平静、平穏を保ち、沈黙して何も行為しないこと、無為なのである。観想する者は完全に沈黙に徹することにより「究極的実在」を体験することになる。このとき人間の真の本質に目覚めるということが起こるのである。神は沈黙のうちに顕現するのである。キリスト教では伝統的にこの体験を「神秘的一致体験」(Unio mystica）と呼んでいる。

ここで述べた意識の集中と意識の空化という二つの方法によって意識は無意識化され、空化された状態になる。そして意識を自動的に働けなくすると同時に意識の本来有する根本的傾向とは逆に、通常の意識の注意力は転換させられて、異なる新たな意味内容に取り組む働きができるのである。意識の集中と空化によってトランスパーソナル、超個的な意識領域を体験できるようになる。この意識領域では理解すること、体験すること、認識することはできるのだが、そのことを理解しようとしても、もはや直接体験して知ることもできなければ、またその必要もない。この超個的意識領域この境涯に到達することによりキリスト教の神秘主義者ニコラウス・クザーヌスが「対立するすべてのものの一致」（Coincidentia oppositorum）と呼んでいる非二元性、不二の世界を体験するからである。彼は「私は隠されていないあらわな状態にある神を見出すことのできる場所を発見した。神は対立するものの一致（Coincidentia oppositorum）に取り囲まれている。それは神が住まう宮殿を取り巻く壁である。宮殿の門では最高の理性的霊（Spiritus altissimus rationis）が見張っている。この見張りを乗り越えなければ、入口の門は開かない。対立するものの一致の壁の向こう側に神を見出すことができる。しかし壁のこちら側では神を見出すことはできない」と言う。

我と汝、主観と客観、正と不正等、二元論的にすべてを区分けされていることはこの深みの次元の体験によって揚棄され解消される。深みの次元の体験によって特定の宗教宗派の信仰箇条も超越される、この体験は特定の宗教宗派の枠を超越し、超個的であり、一切の思考の枠組みを超越する彼方の次元の事柄だからである。深みの次元を体験することにより人間と神が対立する存在であるという考え方も完全に解消される。この次元まで突破する者は究極的実在を体験することになる。究極的実在を体験することによって理知的、人間的判断能力のすべてを超える宇宙森羅万象の活《はたら》きを認識し理解できる全く新しい超個的な次元が開かれるのである。このことがすべての宗教の本来目指すべき目標である。顕教の世界のいずれの霊性の道も現実に最終点まで登りつめるならば、すべての道は久遠の叡智という頂上に到達するのである。叡智はすべてを一ならしめる根源的力動性であり、すべての宗教体験における共通する究極的到達点なのである。

優れた考えは沈黙のうちに生まれる

今日、内面的に自己省察し、人間が本来有している深みの次元まで到達できるような静寂な環境、沈黙に徹するのにふさわしい場所を求めている人々がいる。そのためには静寂な人里離れた場所が必要だろう。だがしかし決定的なことは、そのような場所を必要とするということよりも、問題はその人自身が沈黙に徹すること、その人自身に沈黙に徹する覚悟があるかどうかということである。自我意識に捉われている絶え間ない無駄なおしゃべりを先ずは止めるように心がけるだけではなく、平穏な心を保てる方法を積極的に見出そうとする決意が求められるのである。われわれは打ち寄せる波のように次から次と絶え間なく押し寄せてくるさまざまな情報に心を奪われていて、それらに捉われてしまっているのではなく、心の最奥底から聞こえる囁きに静かに耳を傾け、耳をすまして注意して聴くこと、心静かに最奥底の根底の声に聴従することが必要なのである。身心全体、総力を挙げて静けさのうちに心の最奥底からの沈黙の声を聴従することである。沈黙することを意識して、身も心も沈黙そのものになりきる。身体中の全細胞が完全に沈黙しきった時に初めて体験への道が開かれる。身体はこのようにして修練の出発点となる。われわれは「沈黙の奥にある静謐な状態」を体験できる段階にまで開かれる。この沈黙の状態において騒音は飲み込まれてしまう、何しろ沈黙はどのような騒音よりも強力だからである。

このような沈黙による静謐な状況に徹することができる境涯にある者には根源的存在との接

触とでも言うべき事柄が起こり得るのである。沈黙はわれわれの存在と深い関わりがあるからである。このように沈黙することによる静謐な状態によってわれわれの心は変化する。静謐な状態はつまり直覚的働きの源だからである。すべての決定的に優れた発想は思慮分別、熟考によって生ずるというよりも、沈黙の中で誕生する。人間は沈黙し平静な心の状態を保ち、心が完全に開かれた時に初めて新しい認識の次元が開かれるのである。沈黙することによってわれわれの存在の深みの次元から生ずる内心の衝動に注意深くなる。修練をしている間に中枢神経系には覚醒状態あるいは幻覚を伴う夢幻様状態とは異なる特徴のある働きがみられる。しかし霊的修練を重ねることによってこの混乱した意識の活動は次第に正常化されて、精神的安らぎを得るようになる。心の中の葛藤は鎮静化し、これらの体験を経てすべてを包括的に把握し理解できる次元に到達できるのである。

このようにしてわれわれはうわべだけの表層的心の動きや感情に流されることなく決断できる確固とした精神的基盤を持つことができるようになる。不安、怒りあるいは嫉妬心のような心の働きに支配されている限りわれわれは決して調和のとれた決断ができる状況にはない。決断する前提条件は、われわれが心の平静を保ち静謐の次元に繰り返し到達することである。そうすることにより行動は新たな形をとることにもなる。われわれのとる行動は比較的客観的になって、反感を抱くことも、偏愛するという傾向もほとんどなくなるだろう。しかしわれわれをある目標へ方向づけることを習い覚えたとしても、同時にわれわれが目標を達成できていないならば、ただ受け入れる術を獲得したということに過ぎないのである。

沈黙して坐禅する場合にはわれわれは疑念、退屈感、気のゆるみ、眠気に襲われてもそれを気にとめずに、心の中に浮かんでくるさまざまな雑念、妄想、表象に捉われることなくそれをそのまま去るに任せて坐禅を続行することが求められる。われわれが呼吸法を用いる場合であれ、公案が用いられる場合であれ、只管打坐する場合であれ、このようなことは全く変わりなく起こり得ることである。「今」というこの瞬間の一切の出来事に時間を超越する存在が「ここに」示現していることを体験的に知るということが重要なのである。このことは日常の瞬間「今、ここ」はただ日常的に考えられているような単なる表層的な事柄ではないということである。一切の出来事、示現している形相は生じては消え去って行く。事実を確認し心に留めておくことはできない。時間を超越する根源的存在はすべての現象形態に映し出されている。この現実を生きて体験することにより人間はあらゆる慰め、救いの恵みを受けることができるだろう。このように考えられなければ、その場合根源的存在の活きは自我意識の働きにより覆い隠されているのである。何か新しい到達点が創られているわけではない、人間は常に始原的存在に回帰することしかできない。最内奥の根源的存在へ心の向きを変えようとする者、回心する者はすべての存在者の始原的存在へと向かうと同時に一切のものの本質を体験することになるのである。

超個的な存在を体験をする者は、明鏡止水の絶対的明晰な心境を体験するのである。それは容易に見極め難い重要な根源的現実を体験することである。根源的現実が表層的な自我により体験されることによって、自我の真の本質が認識されるのである。しかしそれと同時にわれわれが神性なる根源の現象形態である壮大な世界、宇宙森羅万象の出来事の秩序と調和の内に組み込まれている存在であるという認識も生ずるのである。自我によって分断されている存在であることを超克して、一切の存在との一致を体験的に知るのである。神秘主義的体験はしたがって決して人間存在に背を向けているのでもなければ、この世から隠遁しているのでもない。むしろそれとは逆に、神秘主義的体験は現実の生活にたいして肯定的であり、人間の方に顔を向けている。沈黙することによってあらたに呼び起こされる力により全面的に促されて日常現実の生活に連れ戻されるのである。

（＊1）一二七三年十二月六日の朝、聖ニコラウスの祝日、トマスはいつものように聖ニコラウス礼拝堂でミサをささげた。しかし、そのミサの間に「不思議な変化を被って」（カプアのバルトロメウスの証言）何か決定的なことが起こったに違いない。このミサの後、それまで寸暇を惜しんで続けてきた著作の筆を投げ捨て、書くことも口述することも一切やめたのである。そのころ彼は『神学大全』第三部「悔悛の秘跡」の部分を第九十問題第四項まで書き進めていたが、このあと秘書でもあった兄弟修士のレギナルドゥスがなぜ執筆を拒否するのかを問い、著作の続行をしきりに勧めてもトマスは「私にはもうできない」と繰り返すばかりであったという。トマスはレギナルドゥスに自分が生きている間は決して口外してはならぬと誓約させた上で、さらに話を進めると彼は最後に「兄弟よ、私はもうできない。たいへんなものを見てしまった。私に啓示された事柄に較べれば、私がこれまで書いたものは、わらくずのように思われるからだ。私は自分の仕事を終えて、ただ終わりの日を待つばかりだ」と答えたという。

トマスが「信仰よりもより大いなる知識」と言っているのは信仰の真理をめぐる神学議論ではなく、使徒パウロが「そのときには顔と顔とを合わせて見ることになる」（一コリント13・12）という言葉で指示しているような直視のことであり、それが聖ニコラウスの祝日のミサ中に与えられたもので、神と人間の直接な接触、神の叡智の直接的授与と解することができるのではないか。それに比べると、それまでの著作は、知的探求と思索を重ねることによって刻まれた言葉であっても、それは単なる言葉、つまり「わらくず」に見えたのではないだろうか。「わらくず」――それは聖書の字義的な意味を指すのに用いられたとされる――という言葉は確かに神という秘儀を探求してやまない人間にとっての宿命を言い表しているように思われる。言葉に刻み難い秘儀そのものに向かって探求を進め、秘儀に対して開かれた言葉、秘儀へと導く言葉を作り上げるのだが、この探求の努力がその究極の報い（すなわち秘儀の直視）をかち得たとき、秘儀へと導くはずの言葉（それ以前の探求によって生命と力を吹き込まれた言葉）が力なき、単なる言葉、「わらくず」であることが知られるのである。自らの探求努力の全体が「わらくず」に変容してしまうほどの新しい光の下に立たされたのである、トマスが「私にはできない」と繰り返すだけだったのも当然であったと言えるのではないだろうか（稲垣良典『トマス・アクィナス』講談社、一九七九年、『トマス・アクィナス』清水書院、一九九二年、参考）。

（＊2）「焦って口を開き、心せいて、神の前に言葉を出そうとするな。神は天にいまし、あなたは地上にいる。言葉数を少なくせよ。夢を見るのは悩み事が多いから。愚者の声と知れるのは口数が多いから」（コヘレトの言葉5・1以下）。

神の言葉を聞くために一切の言語活動を死滅させることが必要なのである。トマス・アクィナスはミサの間の神秘体験により神の絶対的主権に出会って自分自身を棄て、生涯努力を注いできた神学的著述はもとより、一切の言語活動に対する愛着も放棄して神の言葉のみに聴従する不動の覚悟をするに至ったのである。

修練の勧め——あるがままの存在を見つめる

何ごとにも心を込めて注意するという修練をすることによって一切を放下し、悠然とにこやかにあるがままの存在をそのままに生きることができるようになるだろう。あなた自身の心を見つめなさい。心の奥の囁きに耳を傾けなさい。心の最奥底の根底的存在を感知しなさい。沈黙の囁きに心を込めて聴従しなさい。不快な思いが心に浮かんだならば、それをそのまま受けとめて、去るにまかせなさい、そのことにいつまでも捉われないようにしなさい。

何かある考えが心に浮かんだならば、すぐにその考えに捉われずにまたそのまま去るにまかせなさい。特にどのようなことも当てにせず、かたずをのんで沈黙の囁きにひたすら耳を傾けなさい。あなたの全存在、全身心、全細胞を集中して心の最奥底の声に耳を傾けなさい。

あなたの日々の勤めの合間でもこのような修練を実践するようにしなさい。繰り返し心の最奥底の存在を感知し、その囁きに聴従する修練をするようにしなさい。

眼を見開いたままで大自然のなかにあっても、宇宙大自然の囁きに耳を傾けることができるような状況に浸れるように努めなさい。あなたが包まれているのは「空」という空間であることを思い浮かべなさい。この「空」の囁きに耳を傾けなさい。ゆったりとした気持ちで修練しなさい。

私が神を見ている眼は、神が私を見ているその眼と同じ眼である。私の眼と神の眼、それは一つの眼であり、一つのまなざしであり、一つの認識であり、そして一つの愛である。

M・エックハルト

愛に完全に満たされた時、人は神になる。

ハーデウエィヒ・フォン・アントヴェルペン（＊1）

6　一致体験――「神と私、われわれは一体である」

十四世紀のスーフィー教徒神秘家ハーフィス（Hafis）（＊2）の文章により私はこの章を始めたいと思う。「私は神についてひじょうに多くのことを学んだので、もはやキリスト教徒、ヒンズー教徒、イスラム教徒、仏教徒あるいはユダヤ教徒のいずれであるとも言うことができない。真理は真理自体についてひじょうに多くのことを私に知らせてくれた、それゆえ私はもはや男性であるとも、女性であるとも、天使であるとも、あるいはまた人間であるとすら自分のことを呼ぶことができない。愛が私に浸透し尽くして、この私ハーフィスは愛に完全に満たされてしまっているので、愛によって私はなきがらになり、空に変身させられて、解放されている。知性によってこれまで知らされていたすべての観念、想い抱いていたすべての表象からも解放されてしまったのである」。

神秘主義的体験は愛し合う人の体験に譬えられる。愛することと同じように神秘主義体験は言葉で言い表すことができないからである。愛が詩歌により賛美されているように、結局神秘主義も一致体験を讃えて詠うほかないだろう。それゆえ多くの神秘家たちは彼らの神秘主義的体験を表現しようとするときには、表象を用いて比喩的に表現した。キリスト教的神秘家ヨハネス・タウラー［Johannes Tauler］（＊3）は一致体験を次のように表現している。「精神は絶対的なものの中に沈潜する、その結果、精神は分別心を失い、一切の事柄を識別することができなくなる。精神はこのようにして心地よい神性なるものと一体になる、一体化によって精神の本質に神性なるものの本質が浸透するからである、精神はワインの大樽のなかに滴る一滴の水のように消え失せてしまう、精神の一切の識別力は完全に失われてしまうのである……区別されるものは何もない、精神は沈黙の内に神性なるものとの密かな純粋な一致があるのみである」。神秘主義の道は包括的な言表不可能な絶対的存在との一致による理解であると言うことができるだろう。十字架のヨハネは「私は入っていった、どこにいるのか分からない。分からないままにそこに留まっていた。一切の知識を超えている。私が入って行ったところが私には分からない」と言う。

　われわれ人間はこのような絶対的存在との一致体験を切望する。だがしかし、どのようにすればこのような一致体験が可能なのだろうか。努力することによってこのような体験ができるわけではない、われわれの真の存在である深みの次元に心を開くことによってのみ体験できるのである。道は探し求めようとせずに、探求することである。M・エックハルトは言う、「神を見ようと思う者は盲目にならなければならない」逆説である。逆説的自由はどこにでもみられ、いたるところで突発するだろう、しかし逆説的自由を理解しようとするやいなや突然理解できなくなり消え失せてしまうのである。

禅の公案に次のような話がある。唐の時代の趙州《じょうしゅう》禅師［七七八〜八九七年］が彼の師である南泉普願《なんぜんふがん》禅師［七四九〜八三五年］に「道とはどんなものですか」と尋ねた。南泉禅師は「平常心是道《へいじょうしんこれどう》」（＊4）と答えた。趙州は「どうしたら、それをつかみ取ることができるでしょうか」と尋ねると、南泉は「つかまえようとする心があれば、つかまえることはできない」と答えた。趙州は「手にいれることができないものなら、どうしてそれが道であることが分かりましょう」と尋ねると、南泉は「道は考えて分かるものではないが、しかし考えて分からないと言ってしまうこともできない」。（＊5）

自我の障壁を取り払う

自我の一切の活動の背後に隠されてしまっている「空」と呼ばれている不知の新しい次元に

入ることが重要なのである。この深みの一切を包括する意識領域、「空」の次元へ突破することのできる者は全く新しい答えを見出して、自分の人生を新しい理解の仕方により展開できるだろう。しかし「空」の次元において人生を捉える場合にその考え方、意味を理性的レベルのこととしては説明することはできない。われわれが何者で、実際いかなる存在であるかということを体験的に認識する場合、すなわち時間を超越する存在の根源と一体であることを体得する場合にしか、われわれは生と死の問題に対して答えを見出すことはできないだろう。

世界、宇宙森羅万象はもとより時間を超越して現存している。宇宙森羅万象の永遠の営みを忘れ果てた極みである現代社会、われわれはそのような中で今日を生きて迎えているが、われわれは真の人間になるために宇宙森羅万象に敬意をはらい、その活《はたら》きに当然従わざるを得ないだろう。人間存在としていかにあるべきかについて今なおわれわれはわきまえていない。自我の働きによってわれわれはこの世に放り出されて孤立した状態にある。われわれは垣根を造り、「私のものだ」と主張し、自分の財産を守り、あるいは他の人々から大切なものを奪おうとする。しかしわれわれは全く離れ離れにばらばらに分断された存在なのではなく、まとまりのある統一体の内に生きる存在であることを認識して生きるためには自我が作っている障壁を取り払いさえすればよいのだということを忘れてしまっている。自我の活動をそのまま持続することではなく、自我の働きによって作られている障壁を取り払うことが重要なのである。自我の作っている障壁が取り払われることによって、時間も空間も超越する「空」を体験することができるのである。空になりきって、空の有する根源的力動性に生かされ、愛に生きることになる。愛の源泉である根源的力動性が重要なのである。自我の死はこの新しい存在形態への移行を意味する。われわれ自身が常に新しく生成している根源的力動性に生かされている根源的存在であることを知るのである。

神秘主義によって自我の障壁に遮られず、限界なしに捉われずに認識できるようになる。時間を超越する根源はしばしの間、存在として限定された形相を作り出している。根源がこの形相あるものとなることはある限定された時間的存在になることである。その形相が消滅すれば、時間を超越する根源しか残らない。神と呼ばれている存在は人間という形相としても示現している。人間の姿で生きている間というのはこの神性な根源、神性なるものの根本原理がある一定の間、人間という姿をとることなのである。このはかない形相としての具象的存在がいつまでも変わらないことを自我は望むのだが、しかし形相的存在は永久不変のものではない。形相は必ず生じては消え去る。この現実は人間もまた例外ではない。神性なる根源、根本原理は人間の姿をとることによって、言わばしばしの間、人間存在になる。神性なる根源は被造物に受肉し、やがて時間を超越した永遠の世界へ再び戻ってゆくのである。

神と呼ばれている存在は、時間的世界に現れては再び時間を超越する永遠の世界に戻ってゆく、これは永遠に繰り返されている時間を超越した出来事なのである。この出来事を全く新しい存在の在り方として新たに気づくためには、この永遠の世界へ自分自身を投げ出してみる以外に問題の解決策はない。神秘主義によってわれわれは永遠の世界を体験できるのである。時間を超越する存在が誕生と死として顕現しているからである。われわれの真実の存在、真のアイデンティティに目覚めるということは人間の真実の姿があらわになる人間解放のプロセスである。われわれが実際に存在するということは、誕生によって始まるのでもなければ、死をもって終わるわけでもない。第一現実、究極的実在と呼んでいる存在から流出して、無数の形相あるものに注ぎ込まれて、人間的なもの、個的なものが生成されているのである。人間の形相としての存在もこの一なるものの顕現した形相なのである。われわれの人生はそれゆえいつの日か生涯の終わりを迎える時に究極的実在に満たされるのではなく、現在「今、ここに」あるこの形相のままですでに満たされているのである。人生の意味はわれわれの存在に先んじてあるのでもなければ、われわれの死後にあるのでもない。人生の存在意味は「今、ここ」という瞬間、「絶対的現在」「永遠の今」にあるのである。「今、ここ」にあるすべての事柄に神性なるものの根本原理が顕現しているからである。一なるもの、分けられないもの、これが唯一究極的実在、第一現実である。「神」と呼ばれているものは現れては消えゆくものとして、誕生と死として顕現しているのである。

この時間を超越する意識は知られざる無名のもの、明らかに示すことができないもの、絶対的なものとして、また空と呼ばれる純粋な根源的力動性の秘めたる力である神性なる無にはっきり現れる。この意識は無形、無相、無動であり、それは中間に介在するものが何も存在しない純粋な意識そのものである。それは時間を超越して、常にいたるところに偏在していて、分けられない。知られざる無名の事柄、この絶対的なものはしかし同時に特異な具象的形相すべてに示現している。このようなことはわれわれ人間の日常生活全般についても言えるのである。禅においてはこのことを「色則是空、空則是色」と言う。根幹となるのは「空」の宗教体験である。このことはキリスト教においては「聖なる結婚」(hagios gamos) と言われている。天と地、神と人間、空と形相との聖なる結婚である。われわれ個々の人間存在においても聖なる結婚は現実である。われわれは一切の形相の根源である空における一致として究極的実在を体験するのである。したがって「無」という言葉がこの体験を述べる場合に度々用いられるのである。神秘主義はこの無と無から生じる一切の形相との一致を体験する。神秘主義的体験はそれゆえ空と形相、神性なるものとこの世のもの、超個と個、神と人間というこの二元的に対立する存在の一致、不二の世界を体験することに他ならない。

一なるものを体験する境涯に達した者にはもはや親称（Du）を用いて呼びかける存在はない

究極的実在との一体化、一なるものが体験されたとき絶対的に対立し続けているものはもはや存在しない。神と人間、精神と物質、空と形相は「一なるもの」の二つの見方と考えられるからである。空の世界しか存在しないように考えられるならば、そのような考え方は「空の恐れ」（Horror vacui）として体験されるだろう。しかし神は「空」と呼ばれる無相であるというただ一つだけの見方ができる存在ではない。無相の存在である神は常に形相としても存在しているという見方である。「神が誕生した時、すぐに、この世も誕生した」とM・エックハルトは言う。一方の端しかない棒があり得ないように「空」のみで存在することはあり得ない。「空」は現実を構成しているものでもある。空は一切の存在との一致を体験させるために結び合わせている目立たない場なのである。空は存在でもなければ非存在でもない。存在と非存在の範疇すべてを超越している。絶対的超越であり、一致体験する以外にそれを知るいかなる道も存在しない。この無という考えはわれわれ西欧人が「神」という名称で呼んでいる存在とは全く異なる神秘である。

人間が自我の次元に生きている限り、人間は神を対象的存在として体験するだろう、そして神に親しみをこめて親称（Du）で呼びかけるだろう。神秘家はしかし、一致体験をすることによって、もはや親称（Du）を用いて呼びかける存在は存在しないことを知る。究極的実在には「我と汝」という二元的対立は存在しないからである。「おまえは二元的対立による相対的認識、分別心、概念的認識に巻き込まれて身動きができないままでいる、一なるものをどのようにして体験しようと言うのか。対立する両者、二元的対立に立脚する認識、分別心を空じて、捨ててしまい二元の相対的認識を断ち切り、絶対的一なるものに突破しない限りどのようなことも分からないだろう」と『信心銘』（＊6）の著者、中国禅宗第三祖僧璨《そうさん》禅師（六〇六年没）は言う。一なるものは概念的に把握される一切の事柄の彼方の存在である。アヴィラのテレサ（Teresa von Avila）はこの一なるものを『霊魂の城』の中で次のように言っている。「霊的結婚では、あたかも水が天から川に、あるいは泉に落ちてくるようで、すべては同じ水になってしまい、川から流れてきた水と天から落ちてきた水を分けることも離すこともできません。また海に注がれる小さな川の水のように、小川の水はもう海水と分けることはできません。あるいは二つの窓から室内に射し込む強い光のようで、入るときは別々でも、両方のすべての光は一つの光になってしまいます」。

キリスト教的神秘家ニコラウス・クザーヌス（Nikolaus von Kuse）は「対立するものの一致」（Coincidentia oppositorum）の意味関連について次のように語っている。「一なるもの」を体験する境涯に達した者はもはや親称（Du）を用いて呼びかけることはない。たとえ彼が自我という言葉を用いたとしても、彼の考えているのは彼自身の自我ではなくて「一なるもの」だからである。「一なるもの」しか本当の意味で自我と言うことはできない。道元禅師は「門はあたかも見知らぬ人を見つめているかのように、門はじっと自分を見つめている。つまり成熟した人間は他の人々を見つめるように、自分自身のことをみつめるのである」と言う。「我と汝」の一致が真の究極的実在である。「私は私が愛している者であり、私が愛している者は私である」ことをスーフィー教徒のアルハラージュ（Al-Halladsch）は知っていた。

神秘主義は現実を神と人間、自然と超自然、人間の働きと神の活《はたら》きに分別して考える西欧的二元論を超越する。「神と私、われわれと神は一体である」とM・エックハルトは言う。神は人間の最内奥の存在、魂の火花、人間の本質である。したがって人間存在は神が顕現している現実なのである。神は人間において神自身を体験している、神は人間存在としてこの世の中を通り抜けてゆくのである。神の活《はたら》きでないと考えられるものは何一つ存在しない。神は人間にそのまま居合わせている。全世界に神は遍満している。全世界は神の受肉した存在だからである。このような認識によってわれわれの心にそれまでと全く違った類の注意深さが呼び起こされるのである。それは疑いもなく明らかに「今、ここ」に一切のものは結ばれて現存しているという現実に気づくのである。

「絶対的精神」「一切の存在の根源」「神性なるもの」「空」——決して分けては考えられないこの究極的実在をこれらさまざまな呼び名によって表現しようとしているのである。この究極的実在は超合理的あるいは非合理的と呼ばれるような意識である、しかし同時にそれ自体にすべての潜在的力が秘められているのである。この究極的実在はありのままを映す磨きぬかれた鏡、明鏡止水の境地、愛、喜びとして体験される。この不二の存在、非二元的現実を体験することによって完全に解放されるからである。自我は自我がどのような生き方、生活の状況にあっても開放され自由になり得ることを知る。「永遠の今」「今、ここ」という瞬間であるこの不二の現実に間違いなく出会うことが霊性の道の目指す目標である。この世の日常的ものの見方を超越することが肝要である。その際しかし重要なことはこの世に背を向けることではない。この世にあって、あるがままに人々を愛することが重要だからである。神秘主義によって一なる存在に突破することが完全にできるなら、突破することによって空における一致を体験することになり、心の底から謙遜になり、感謝の念をもって森羅万象を愛するようになるだろう。そこから人々にこうした状況への道を教えるという使命感が心から湧いてくるだろう。一致を体験するということは一切を包括する強い愛に支えられているからである。共感と愛はすべての真の神秘主義的体験の核心である。自我は不二の世界、「神秘的一致の世界」(Unio mystica)に溶け込んでしまう。それは一なるものの存在を体験することであり、思慮分別によっては実感として理解することもできない日常とは異なる次元を体験するからである。しかしその異次元を体験した者は、その次元が「真の究極的実在」であることを理解するだろう、そしてその異次元の体験者の体験あるいはその究極的実在の体験はそれまでに身をもって体験したすべてのことよりも遥かに強烈で包括的である状態であり、ほかに何一つ考え及ばない体験なのである。

変容のプロセスは個々人に始まる

神性なるものとの一致を体験することによって人々は一切の事柄に視野が広がる。神を認識することは森羅万象一切の事柄を認識することであり、同時にその中には自己認識することも含まれている。人間としてこれまで気がついていなかった真正の人間に新たに気づき、同時に共生する生き物としての人間存在の意味を理解する時代を迎えることになるのである。個々の人間生活が宇宙森羅万象との関連の中に組み込まれているという認識は全く新しい人間学となると同時に統合的に世界を理解できるようになるだろう。このような認識は人間という生物学的種の更なる発展の前提条件である。変容のプロセスは個々の人間に始まるからである。男性であれ、女性であれ、個人が変容するときにしか、世界を作り変えられないだろう。人間一人ひとりは比類のない網の目の一つのような存在であり、大きな網のように考えられる宇宙森羅万象のすべての網の目に結びつけられている存在だからである。われわれ人間は誰一人として、また形相ある存在として存在しなくてもよいものは一つもない。M・エックハルトはそれゆえ次のように言わざるを得ない。「神が神として存在しているということは、私が存在しているからである。私が存在しなかったならば、神は〈神〉として存在しないだろう」。

これは宇宙森羅万象における神のいのちの展開についての全く新しい理解の仕方であり、われわれがこのゆるやかに進展している森羅万象の出来事におけるかけがえのない人間存在理由についての全く新しい認識の仕方である。個々の人間が変容するということによって必ず全体にその影響が及ぶからである。したがって人間が潜在的に有する新しい存在への可能性、能力に目覚めること、人間に今までとは異なる世界観、新しい人間学的自己省察と認識の仕方があることを伝えることが重要なのである。そうすることによって政治、経済、社会全体が変わり、新しい社会秩序も形成されることになるだろう。

これまでわれわれ人間存在は人間として時間的にも空間的にも互いに離れ離れに分断された存在であると考えられていた。昔のパラダイムでは、精神は脳に、知力は神経組織にあるということを前提とする考え方から出発していた。しかし今日、意識は身体のなかに閉じ込められてはいないということをわれわれは分かっている。意識は宇宙と同じように広範囲に拡大されている。意識が限定されている形相に現れているとしても、意識は無限に拡大する。この宇宙森羅万象全体は意識の活動領域である。われわれは森羅万象の中に組み込まれることによって、存在を構成する一切のものと結ばれているのである。

叡智は社会福祉的、社会政策上の責任の原則

人類の将来はこの「久遠の叡智」（Sophia perennis）に気づき認めるか否かにかかっている。このような叡智に目覚めて生きる人々は現代社会においてはまだ少数派である。しかし意識の深層に再び日の目が当てられて、意識の深みの次元の体験が社会に広まるか否かはこの少数派の人々の活動にかかっている。「久遠の叡智」はその本質から考えて革命的である。叡智は現状に満足することがないからである。叡智は常に諸宗教の働きの源泉であると同時に社会の活力の源泉でもある。叡智はあらゆる宗教宗派、社会的な一切の枠を超越する。既存の枠を乗り越えて政治的、社会的、経済的にも相互に話し合いによって根本的に解決する原則でもあるからである。「久遠の叡智」を再認識するには個人レベルでは意識の変化が求められる、意識の変革はとりわけ社会的関連から見ても重要である。叡智は社会的価値を承認し、支持する場合に共生するための決定的判断基準そのものだからである。そのうえ個人と公共社会の求めていることとの間のバランスを計り、共生するための共通基盤としての規範の根拠を有効なものとし

て承認することに寄与するだろう。人間を含めて一切のものがばらばらに分断されている存在であるという思いは幻想に過ぎないこと、一切の異なる存在は一なるものの顕現している形相に過ぎないことを知るからである。生きるということは精神的なものと物質的なものとに分けられない。一なるものを体験することによって真の実在を現実に生きることができるのである。

このような考えから二元的に対立する世界を克服して生きるための倫理的行動力が生ずるのである。われわれが一切の存在と結びついていること、すべてが一なるものであることを自覚する場合にしか、われわれはばらばらに分断され対立した存在であるという考えから抜け出せないだろう。統合的霊性は精神と物質とに分ける考え方を認めない。むしろどのような生き方にも偏らずに人間を一なるものとして全体として考えることである。意識の深みの次元における変容のプロセス、安らぎに満ちた内面的な潜在的可能性に目覚めることが重要である。潜在的可能性は人間の構造的自我によって常に抑圧され、排除されているからである。

叡智をこのように理解するならば、叡智はそれゆえ決して単なる個人的な関心事であるばかりではなく、必然的に社会的連帯上、社会政策上の責任の問題でもある。叡智は地球上の紛争の根源にまで分け入り、抑圧、搾取、敵対関係、戦争に対しても反対行動をとることになる。これらの事象の根源はわれわれ人間の病的とも言える利己主義、自己中心癖にあるからである。

自己中心的主張、国家エゴによって人類が苦しめられている社会体制が作り上げられているのである。それは金融市場であれ、利潤を上げることにひたすら全力を傾注する経済活動であれ、宗教宗派上の独善的絶対性の主張であれ、政党の党利党略的振る舞いであれ、我意の張り合いは社会的に広くあらゆる分野に見られるのである。不正と不当な悩み苦しみを生み出しているのはわれわれ自身が作り上げている社会体制とその構造に原因があるということを認識する時代を迎えている。

われわれ自身が精神的に根本的に新しい方向づけがなされる場合においてしか、何ら変化は起こらないだろう。この無秩序と混乱からの脱却の道は個々の人間的変容、回心、意識改革に始まる。問題は究極的に人間存在より以上のことが重要なのである。共同体の一員として生きと、活気があり、情熱的に生きる人間であることが重要である。神のいのちを生きる愛が霊性の道の特徴である。霊性の道は世界を一なるものの展開として全体的に見る見方であり、人間のすべての次元――身体、霊、精神――が含まれているのである。このような考え方により家族、社会、国家における意見の相違も乗り越えることができるだろう。叡智は現実的に一ならしめる原動力である。われわれがこの「一なるもの」の存在との一致を体験すること、このことこそが霊性の道の目指す目標である。

（＊1）ハーデウエィヒ・フォン・アントウェルペン、生没年不詳。一二二〇～一二四〇年頃に活躍したネーデルランドの神秘主義的詩人。『定型詩集』『詩文集』等がある。彼女の中心的テーマは愛である。

愛は神がわれわれに先んじて愛したという理由からしか考えられない。換言すれば、神という言葉は愛の同義語である。愛は神の力動的な活きである。「愛する者たち、神がわれわれを愛したのであるからにはわれわれも互に愛し合わなければならない。いまだかつて、神を見た者はいない。われわれが互いに愛し合うならば、神はわたしたちの内に留まり、神の愛はわたしたちの内で成就する」（一ヨハネ3・16、18～19、4・10～11）。互いに愛し合う時にしか神を見ることはないだろう。ヨハネは「神がわれわれを非常に愛したからには、われわれも互いに愛し合わなければならない」と言う。神が望んでいることは神自身に対する愛ではない。それは人々が互いに愛し合うことである。神は人間の間に神の愛が受け継がれることを望んでいる。神は愛することにより人間が神になることを望んでいる。彼女は言う、「愛の炎には何ら区別がない。愛の炎は巻き込んだすべてのものを焼き尽くす。私はあなたがたに断言する……愛に完全に満たされたとき、人は神になる」（イェーガー講話集Ⅱ、七六頁参考）。

（＊2）本名はムハンマド・イブン・バッーウッディーン（1325/26～1389/90）。「ハーフィス」(Hafis) は称号に由来するペンネームである。イラン生まれの詩人。詩の主題の多くは「愛」である。東西世界の文化に影響を及ぼした。ゲーテは晩年、「ハーフィスの詩」に感銘し、愛着をもって『西東詩集』を書いたと言われている。

（＊3）Johannes Tauler（1300～1361）。中世ドイツの神秘主義者、ドミニコ会士。M・エックハルトの直弟子。「魂の根底」における神の受容を説いた。

（＊4）「平常心是道」（『無門関』第十九則）岩波文庫『無門関』八七頁参考。本訳書二九頁以下の注参照。

（＊5）参考――南泉禅師は続けて「考えて分かるということになれば妄想になる。分からないとすれば無自覚になる。分かるとか分からないとかいう分別を無くせば、そこに道が現れる。それは、あたかも晴れて澄み渡った秋空のようなもので、分別を入れる余地が全く無い。それをどうしてああだこうだと詮索することがあろうか」と答えた。趙州は言下に悟ったという。

（＊6）『禅宗四部録』（『信心銘』『証道歌』『十牛図』『坐禅儀』）の一つであり、第三祖鑑智禅師僧璨［生年不詳六〇六年入寂］の著書、一句四字の対句、一四六句、わずか五八四字からなる韻文である。簡素な詩的表現により禅の真髄が余すところなく述べられている。

「至道無難、唯嫌揀択《けんじゃく》」と始まる冒頭のこの二句が『信心銘』の真髄であり、本書のすべてを表している。これ以後の対句はこの冒頭の対句の精神を具体的に説明するものである。「至道」とは至極の大道、最高の実在、佛心、自性、法性、心の本体、本来の面目などをさし、究極的実在の体得であり、仏道とか悟りと言ってよいのだが、しかし本書の注目すべき点は仏、仏道、仏心等の仏教用語を一切使用していないことである。言うならば「至道」とは統合的霊性の道と言えるだろう。

「至道」は簡単明白、「揀択を嫌う」とはこだわりがないことであり、えり好み、相対的にものごとを観ていては絶対に悟ることはできないことを言う。二元的相対観を捨て去るということであり、一切の分別、思想、信条を離れ相対知を放下しきればそれが「至道」であると言う。

『信心銘』の心とは存在の根源、究極的実在、仏性、真如、自性とも言われる絶対的存在、絶対的一者である。この存在の根源をなしている心を自覚し「至道」を体得できないのは二元対立の分別心によるのである。

「真如法界、無他無自」「要急相応、惟言不二」、「不二皆同、無不包容」、見るものが見られるものであり、見られるものが見るものであるという、相手もなければ自分もない同一性、絶対の直観、対象化されることのない真実の世界、真如の世界を悟ることは二元的相対観によっては絶対に達成できない、不二と言うほかない。対象化されない真実の世界には相手もなければ自分もない、至道を悟れば一切の存在はみな一体であり、包み込まれないものは何一つない。万物を「一なるもの」の内にみる神の眼を示している。

「有即是無、無即是有」「一即一切、一切即一」。真理の世界では有とか無とかいう二元的対立の観念はない。一は宇宙森羅万象を包含する一で、自己完結した一でこのような一は一切、一切は一である。

最終句「信心不二、不二信心」「言語道断、非去来今」と締めくくられている。信心は二元の道ではない。一切の対立を空じた至高の実在、心の本体、仏性、神性の無、永遠の一なるものとの一体化、悟り、絶対的自由に至る道が「至道」である。信心不二の真理は言語や文字で表すことができず、超越的であり、不可知不可見、過去、現在、未来の時間にも制約されることがない。

『信心銘』にみる禅の道の源泉はイェーガー師の説く統合的霊性の道そのものと言って差し支えないだろう。

参考

『講座　禅』第六巻、大森曹玄、筑摩書房、一九六八年。
『信心銘、証道歌、十牛図　坐禅儀　梶谷宗忍』梶谷宗忍他、筑摩書房、一九七四年。

たとえ愛のキャラバンがどこへ行こうとも、
私は愛の宗教に従う
愛が私にとって宗教であり信仰だから。

イブン　アラビー（＊1）

たとえ、人々の異言、
天使たちの異言を語ろうとも
愛がなければ、
私は騒がしいドラ、やかましいシンバルである。
たとえ、預言する賜物を持ち、あらゆる神秘とあらゆる知識に
通じていようとも、たとえ、山を動かすほどの完全な信仰を持って
いようとも、愛がなければ、無に等しい。

パウロ（一コリント13・1）

7　宗教上の祭式――「いのちの祝祭」

われわれ人間は一切のものの奥にある「絶対的実在」を言葉によって表現することがなんとかしてできないか探求し続けるのである。祭式においてわれわれは魂の最奥底の根底である「絶対的実在」をわれわれの真の本質として賛美する、そして根源的存在との接触を祝う。あらゆる祭式はこの究極的に言表不可能な存在を言葉によって表現しようとする試みである。祭式には重要な象徴的内容があり、われわれの心の中に眠ったままになっているまだ掘り出されていない大切な宝物を掘り起こす力がある。祭式は「人間」というマスクの奥に隠されているわれわれの真正の本性に導くのである。祭式はわれわれの知性を遥かに越える心の深みの意識の次元を揺り動かし、目覚まそうとする。祭式により日常ばらばらに分断された存在として体験されている部分は互いに補完しあって、全体を形成する部分として相互につなぎ合わせられるのである。

祭式においてわれわれの霊魂と究極的実在の典型的表象は相互に交流する。典型的表象によって霊魂の奥底にある根源的現実は人間の有する認識能力に応じた範囲内で理解されるのである。祭式は光線を眼で見て分かるようにするためにプリズムを使って分光される色彩に譬えられるだろう。光そのものを肉眼で見ることはできないが、しかし光はプリズムによって分光されて見えるようになる。言うまでもなく分光されて七色に輝く虹を見ることができるだろう。このようにして祭式によって知的に理解可能なことと知的理解不可能な超越的存在、究極的実在の表象と究極的実在それ自体との間がつなぎ合わせられるのである。

祭式を執り行い、祭式に加わり、祭式を繰り返し行い神のいのちにより活気づけられる勇気が必要だろう。祭式には人々に救いをもたらすと共に人々を精神的に結びつける力があるからである。祭式によって意識と無意識の間を結びつけることができる。それゆえ祭式において行われていることは精神心理療法においても重要な位置づけがなされている。われわれはこのような方法により外界で祭式を執り行うことによって内面的な領域にまで到達し、それによってわれわれの真の本質、本性、本然の姿に開かれるように思われる。救われるということは執り行われる祭式そのものによるのではない、祭式においてわれわれが内面的に活発化させられるのは深みの次元に存在する神のいのちである根源的活《はたら》きによるのである。

日常の生活は典礼

さまざまなセレモニーや宗教上の祭式は、宗教が日常生活において行われていることであり、生活のすべてが存在の根源を体験することに貫かれていることを思い出させるのである。神秘主義は日常生活を神性なるものの顕現として褒め称え、神のいのちを寿ぎ生きることである。生活そのものは神の根源的活きとして祝われるときに祭式となる。私が日本でかなり長い間、鎌倉の庵で隠者のような生活をしていた頃（＊2）、この時期の典礼は私の当時の在り方を決定づけるものであった。一日の生活全体、日課のすべてを最奥底の存在そのものを賛美する典礼と解釈することができたからである。このような体験はわれわれの生活全般にとって重要なことである。われわれが立っている、歩いている、食事をする、意識しているすべてのことに集中して、注意し為すべきことを行っているかどうかということを考えれば、行動そのものを言葉を用いず沈黙したまま祈るのと同じように、神性なるものの根源的活きの典礼とすることができるだろう。生きるということそれ自体、究極的実在である神のいのちを賛美する典礼だからである。このことは次の話でも明らかだろう。

弟子が老師の宴会の食事に招かれた。老師は食卓について、何も言わずに黙って食事を始めた。信心深い弟子は驚いて老師が食前の祈りをしない理由を尋ねた。それに対して老師は答えた。「常に呼吸をしていることは私にとっては祈りである、一歩一歩の足の運び、行動のすべては祈りである。どうして食事することが祈りと異なるのだろうか」と。

このことは食前の祈りをすることに反対しているのではない。言うまでもなく食事を始める前に祈ること、しばしの間感謝して、手を合わせて祈るということは極めて重要な儀式である。老師が弟子に答えて、ここで伝えたかったことは、つまりわれわれの日常生活全体がそのまま祭式であるということである。われわれは常に意識して注意深く行動することによってわれわれの真実の存在、本性との一致を体験することができるからである。

われわれは日常考えられているより以上の存在であることは間違いない。しかしながら人生の大部分の時間を存在の本来の意味深さを見過ごしたまま生活している。祭式によってわれわれはわれわれの心の中にある「未知の国」（Terra incognita）を発見するのである。日常生活を充実させ、人々の心を充足するものがわれわれの心の中にある。われわれの日常生活の核心である最奥底の存在に意識的に近づくことができる機会を得ることが祭式存在の意味である。このように意識して生きることにより生きること自体は宗教になり、日常生活のすべては神性な根源との一致の祝祭になるのである。

（＊1）Ibn al-Arabi（1165～1240）。中世イスラム神秘主義（スーフィズム）の確立に寄与した思想家。晩年の著書として思想論集『叡智の根源』がある。

（＊2）長年坐禅に深い関心を寄せていたが、本格的な参禅修行は一九七五年来日、鎌倉長谷にある在家禅、三雲禅堂において山田耕雲老師（一九〇七～一九八九年）に師事した時に始まる。鎌倉で老師のもとで六年間厳しい修行の末、禅の指導者の資格を認められ一九八一年ドイツに帰国した。

私は生まれた者ではない。私は不生の存在という在り方から言えば、
私が死ぬということも決してあり得ない。私の不生の存在という在り方から言えば、
私は今までも永遠の過去から存在していたのであり、現在も存在している、
これからも永劫に変わらず存在し続けることになる。

M・エックハルト

生まれる前の
おまえの本来の面目はいかなるものか（*1）

禅の公案

8　汝自身を知れ（＊2）――「すべての人間はみな自己の本性を備えている」（＊3）

東西の神秘主義は、われわれが実際いかなる存在であるかを知ることが何よりも最重要課題であるという点で一致している。人間は神秘的根源知を有し、直覚的能力によりわれわれの真の根源を覚知することができる。それはわれわれの始原である一なるものとの一致を回想し、始原回帰するのである。われわれの最内奥の根源的存在は誕生したものでもなければ、破壊されるものでもない。われわれが真に生きるということは人間本来の核心であるこの最内奥の存在、「真実の自己」「本来の面目」に生きるということであって、自我に生きることではない。

「回心して、心の内を見なさい」とイエスは言う。イエスの望んだことは人間の最内奥の存在に生きること、最内奥の根底的存在に生きることが真に生きることだからである。イエスは「あなたがたは生まれ変わり、そしてあなたがたの真のいのちを体得しなければならない。あなたがたはあなたがたが考えている以上の存在だからである。回心して心の内を見なさい。そこにはまだ見知らぬ〈未知の国〉（Terra incognita）がある。それがあなたがたの真のいのちである」と言う。「暗闇の中に生きる人々は明るい光をみる」と聖書にある。われわれはこの光の中に生きているのだが、光のなかに生きていることを理解していない。われわれは暗闇のなかに生きていては自分が実際いかなる存在であるかを理解することはできない。われわれはようやく真の人間存在への道を歩み始めていることを徐々にではあるが理解し始めている。

イエスは人々に何を為すべきかについてあまり語らなかった。イエスが人々に語ったことは、人間がいかなる存在であるかということについてである。つまり神の国はあなたがたの心の中にある、あなたがたは神の子であるということである。神の子であるという言葉によってイエスが語った重要なことは全き人間になるようにということである。われわれは神の子になる必要は全くない、もとより神の子なのだからである。強力な自我に支配されて大抵の場合覆い隠されてしまっている真の存在、神の子であること［本来の面目］を体得しさえすればよいのである。

われわれは両極の間を生きている。天と地、神の子である本性と人間としての生存との間に生きている。しかしわれわれの日常は自我に支配されて表層的な生存に終始している。心の内にある「神の国」を認識することがない。自我というカーテンによって神の国の輝きは遮蔽されているからである。

女神の顔を是非とも見たいと思っていた女神の信奉者の話がある。しかし神殿の女神の顔はヴェールで覆われていた。ヴェールを少し揚げて女神の顔を見ようとする者は生命を落とさざるを得ないという噂が世間には流れていた。女神の顔を見たいという憧れにいつまでも苦しんでいるよりは死んだほうがましだと考えて、彼は女神を覆っているヴェールを少し揚げたのである。その時彼は何を見たのだろうか。彼はそこに自分自身を見たのである。彼は自分の真の存在を見たのである。彼は自分が実際いかなる存在であるかが分かったのである。イエスはこれを「神の国」と呼んでいる。禅においてはこれを「空」と言う。

イエスが光、神の国という言葉で言い表そうとした存在を見るためにわれわれはヴェールをどのようにして揚げればよいのだろうか。日常生活とイエスが「神の国」と呼んでいる最内奥の存在との間にあるヴェールをどのようにして揚げることができるのだろうか。この神の国という言葉によってわれわれの真のいのち、神のいのちが言い表されていること――この世の日々の日常生活そのものが神の国の顕現であることをなぜわれわれは理解できないのだろうか。この神の国、光、われわれの真のいのちは日常生活とかけ離れた際立った存在ではない。われわれは実際、別々に分断されている存在ではない。自我というヴェールによって覆われていて、ただ分断された存在のように思わされているに過ぎないからである。神の国はわれわれの日々の生活上いつでもどこでも今という瞬間に示現しているのである。

トマスによる福音書のなかでイエスは言う。「あなたがたが『あなたがたはどこから来たのか』と尋ねられたならば、彼らに言いなさい。『私たちは光から来た。そこで光が自ら生じたのである。それは自立して、彼らの像において現れ出た』」。(＊4) 光は自我の背後に隠されているわれわれの真のいのちの象徴である。われわれは光から来て、しばしの間この世の巡礼者としての道を歩む存在なのである。われわれはこの時間を超越する宇宙森羅万象のプロセスに組み込まれて共にある存在なのである。われわれがどこから来たのかと尋ねられたら、われわれも答えられるだろう。「私たちは光から来た」と。われわれが目で見ているその光である。──光は遮られて薄暗くなり、見えなくなることがよくあるが、しかしその光は全く異なった存在の現れなのである、その全く異なる根源的存在自体が現在あるわれわれの姿に活いている。われわれが現実の生活のなかで真の存在の次元に達するためにはどうしても跨いで越えなければならない敷居があるだけである。

神性なる根源は心の中で輝いている

われわれの神性なる根源的存在は目には見えないとしても、いつも心の中で光り輝いている。根源的存在はわれわれが日常のつきあいでお互いに難しい問題に直面している場合であっても心の中で輝いている。この世の悩み苦しみに打ちひしがれている時ですら心の中で輝いている。キリスト教の考え方によれば、イエスは一切のものの奥にある神の本質、神性なるものの存在を約束し、希望を抱かせるのである。一切の存在にこの根源的本性、神性なるもの、生成の源泉である言表不可能な無の神の活《はたら》きの存在（ES）、這箇、内在的に超越するわれわれの最奥底の根底的真の存在を釈迦牟尼仏陀や多くの賢人たちも認めているのである。宗教の創始者たちは皆、人々をこの根底的存在の認識の道へ誘いたいと思い――人々を最奥底の存在を体得できる道に導こうとしたのである。最奥底のこの根底的存在は必ずわれわれの心の内に見出されるからである。

神性なる根底的存在についてはキリストの変容によっても物語られている。キリストの変容の時はイエスの啓示体験の日とも言えるだろう。イエスはタボール山に登った。そこでイエスは深みの次元の神秘的体験をした。タボール山上で使徒たちはおそらく初めてイエスが実際どのような存在であるかが分かったのだろう。使徒たちは人間がどのような存在であるのか、同時に使徒たち自身がどのような存在であるかを認識したのである。イエスには神性なるものがいつも透き通るように見えていた。しかし使徒たちはイエスが神性なる存在であることが分かっていなかっただけなのである。だがタボール山で使徒たちはイエスがどのような存在であるのかがようやく理解できたのである。イエスの真の存在が現れていた、それればかりか衣服を通しても現れていた。神性なるもの、この根源的現実は何ものにも妨げられず一切のものを通して現れているのである。われわれはこのことをただ理解していないだけなのである。しかしわれわれはイエスのそばにいつまでも立ち留まったままでいてはならないだろう。われわれ自身、われわれの真の姿をイエスによって認識すべきだろう。われわれもまた神性なる根源の顕現した存在だからである。残念ながら使徒たちが長い間このことを直視できず、またしようともしなかったのと同じようにわれわれもまた直視していないのである。

全世界はタボール山である。いかなる悩み苦しみにおいてもタボール山上の出来事のように神性なるものの根源が現れている。われわれは神性なる根源的光に輝いている人々と共に生きている。われわれはただそのことを認識できる段階に達していないだけなのである。われわれがいかなる存在であるかを常に理解できるならば、そしてわれわれが衣服を貫いて光り輝くような存在であることを体験的に知ることができるならば、生きるということはひじょうに容易なことであると言えるだろう。だがしかしわれわれは何者であり、実際いかなる存在であるかということを理解できるようになる日まで人間としてさらに成熟する努力を続けることになるだろう。

釈迦牟尼仏陀も悟りを開いた日に同様な体験をした。「一切衆生悉有仏性」、存在する一切のものには根源的本性が備わっていると言う。この言葉は存在する一切のものを通して空、神性、絶対的意識と呼ばれているものが光り輝いているということである。

われわれの真の存在である神性なる根源的存在は絶えずわれわれの心の中に突然現れようとしている。われわれは神のいのちの活《はたら》きの存在であり、神のいのちが今、ここで人間的体験をしているのである。真の存在である神のいのちにより生かされて生きているという視点から自分を理解できる者は自分が「神性なるものの活《はたら》きと関わりのある」存在であることを認識する。われわれは神のいのちの活きの流れの外に生きる存在では決してない。われわれはしばしの間人間的体験をしている霊的意識なのであり、根源的に霊的存在なのである。われわれは神のいのちの活きが人間になっている存在である。われわれはイエスと同様に神性なる根源を受肉した存在なのである。

神性なるものはわれわれの最奥底の存在である。われわれは神性なるものから誕牛し、神性なるものとして生き、死によって自我の制約から解き放たれて神性なるものの元へ再び戻ってゆくのである。われわれが最奥底の根底的存在であるということは、時間を超越する存在であり、この時間を超越する神性なる存在へやがて始原回帰するのである。

これは神のいのちの活きの神秘である。死を体験する者しか復活することはできない。自我の活動を取り下げる者、自我の死を体験する者しか自己の最奥底の存在を体験することはできない。

神の国への門は狭いと聖書にある。われわれが実際いかななる存在であるかを認識し、神性なる根源を受肉した存在であることを自覚し、真の全き人間として生きるためには、これを妨げる一切のものを捨て去り、置き去りにしなければならないのである。

神のいのちの突然の出現

われわれの身体に備わっている最奥底の根底的存在である叡智を見出すことが肝要である。このわれわれの最奥底の存在である叡智は神性なるものの根源的力動性そのものだからである。神性なるもの、空、根底、ブラーマン等さまざまな呼び名で呼ばれているが、いずれも言い表しがたい根源的力動性を表現する名称である。いずれも根源的一致へ始原回帰しようとする抑え難い衝動の対象の表現であると同時に多様な存在への創造的意欲に溢れたる根源的活《はたら》きの表現でもある。叡智を見出そうとする場合われわれは何かある特別なことをすることが重要なのではなく、すでに「今、ここ」に存在しているものに心を開くことなのである。神秘主義で信じられているのは神のいのちが突発的に出現することである。おそらく陽春に咲き誇る桜の花、あるいは梨の花、あるいは突然一夜にして真っ白な姿を現す灌木を見たことは誰にでもあるだろう。数万の花のつぼみが一斉に開花する。このようなことができる者は一人もいないだろう、人間の為し得る技ではない。内に蓄えられている根源的力動性の活きによるのである。このようなことは究極的実在を体験する場合にも同様のことが起こり得る。究極的実在を体験するということはわれわれに内在的に備わっている根源的活き、神のいのちそのものが突然開花することなのである。

霊性の道においてはわれわれの不死の真の存在、神のいのちが急にひらめくためには一切の事柄を放下し、離脱することを教えられる。死を受け入れることは根源的神のいのちへの入口であることが教えられる。永遠に生きるために死を消し去ることではなく、誕生と死を超越することが重要なのである。われわれは目に見えているこの現在生きている姿、形相が消滅するので、死ぬことをはかない運命だと思っている。しかしわれわれが真に存在すると言うとき、誕生と死の存在は考えられない。したがってもしもわれわれが「私は生まれた」と言うならば、それは誤った表現の仕方であろう。本来ならば「生成の源泉である言表不可能な無である神の活きの存在（ES）である根源的神のいのちがこの私という姿として誕生した」と言わなければならないだろう。

人間の最奥底の存在である神のいのちは誕生することもなければ死ぬこともないからである。死に対して不安を抱く原因は自我にある。自我は生命の存続することを求めるからである。神秘主義は究極的には誕生と死の不安から人々を解放して、人間の真の本性である神のいのちに目覚めさせようとするのである。神秘主義は誕生と死を恐れての逃避を説くのではない。むしろ誕生と死を超越することを教えるのである。

緩やかに展開している宇宙森羅万象のプロセスの根本的構造に組み込まれて共に生きることがわれわれにできるだろうか。このような考え方から人間存在の意味を解釈できるだろうか。われわれ人間存在は人間の姿をとっている宇宙森羅万象の意識以外の何ものでもないとするならば、そして「神」と呼ばれている存在が数十億の形相に受肉していると考えられるとするならば、人間存在は時間を超越するこの宇宙森羅万象における一回限りのかけがえのない存在として意味がある。このように考えることができるならば、われわれの使命は神のいのちを受肉した存在にふさわしい全き人間になることにあるだろう。

われわれの現在ある姿は同時に、そのままわれわれの最奥底に隠されている究極的実在の顕現した存在なのである。宇宙森羅万象は絶えず繰り返し新たに具現化されている「神の意識の場」に他ならない。神の意識によってわれわれ人間の姿も森羅万象も創造されている。われわれはこの宇宙森羅万象の創造、進化発展を肯定的に認めることによって、われわれ自身の存在をも肯定できるのである。

われわれは探し求める者ではなく、探し求められている者である

われわれは受肉して、人間になった神のいのちである。神のいのちは人間というこの形相に限定されている。このことがイエスにおける神の受肉の重要な知らせである。イエスにおけるのと同様にこの神性な根本原理はわれわれ人間、一人ひとりにおいても現成しているのである。道は何かある事柄を探し求めることではない。われわれが求めるのは「絶対的現実」「神のいのち」「一切の存在の根源」と呼び得るものと一致することだからである。この次元がわれわれの真の存在、本性である。われわれはこの始原的次元を決して忘れ去ることができない。たとえわれわれがその次元を意識していなくても、その次元はわれわれの真の存在、根源的神のいのちとして内在しているからである。

自我との同一化を解消できるならば、絶対的現実との間を分断するものはもはや何もない。われわれは真の存在である神を決して見失うことはない。「神」、「それ」(ES) 生成の源泉である言語を絶する無なる神の活きはただ自我により遮蔽されているに過ぎないからである。したがって道は何かを探し求めることではなく、「真の自己」を見出すことなのである。道はこのようにすべての宗教において記述されている。われわれはわれわれが実際いかなる存在であ

るのかを忘れてしまっているからである。それゆえわれわれはいかなる存在であるかを探し求め、ついには体験することになる。つまりわれわれは探し求めている存在ではなく、神に探し求められている存在であることにようやく気がつくのである。このようにして人間の辿る道は自分自身の最奥底の存在である本来の面目、真正の自己自身に帰郷することになるのである。

（＊1）「父母未生以前の本来の面目」「天地未分以前」「不思善不思悪」等の表現は相対的な分別心を脱却した、無差別の絶対知の世界を現している。禅の修行が目指す境地である。ここに用いられている父母や天地、善悪などの表現はすべての相対的概念を代表するものである。相対知が生ずる以前、絶対無差別の心境が「父母未生以前」ということである。

（＊2）自己の本心を直接つかむことである。内なる自己を見つめ、自己の内にある心、心の最奥底の本性に徹すること、禅で言う「己事究明」であり、「直指人心」「回光返照」である。自我の遮蔽を払拭できれば本性、「本来の面目」がその実相を現してくる。

（＊3）人間はみな「本性」、真実の自己、真己を備えている。これを禅では「本来の面目」と言う。この人間が本来備えている真実の姿は真実の自己、生まれる前の自己、生まれながらもっている本性、仏性、無位の真人などいろいろな言葉により表現されているが、しかし一般的には自覚されているとは言えない。この真実の自己に目覚めて生きることこそが霊性の道である。

（＊4）「もし彼らがあなたがたに『それがあなたがたなのか』と言うならば、言いなさい、『私たちはその光の子らであり、生ける父の選ばれた者である』。もし彼らがあなたがたに、『あなたがたの中にある父のしるしは何か』と言うならば、彼らに言いなさい、『それは運動であり、安息である』と」。

「光」とは本来的「自己」の源の象徴語であり、「父」の本質を言い表す。人間は本質的にこの「光」の出自である。「光が自ら生じた」とは生成の原因が自らのうちにあって外にはないの意である（「トマス福音書のイエス語録五〇」以下。『トマスによる福音書』荒井献、講談社学術文庫、参考）。

現実の世界は本来創造的であり、限界がない、無限である。開かれていて、力動性があり、変わりやすく、分割しては考えられない一つのまとまりのある全体を構成している。私はこのような現実の世界の特徴を神の霊、神のいのちの活きの場と考えている。世界、宇宙森羅万象の基盤は物質にあるのではなく霊にある。

ハンス－ペーター・デュル（Hans-Peter Dürr）（＊1）

9　二十一世紀の霊性――新しいパラダイムの誕生

宗教は人類が進化発展するための重要な構成要素である。人類が精神的活動を展開し始めてから、人間はどこから来て、どこへ行くのか、人間の存在理由を問い続けている。賢人たちはみなこれらの事柄を問題にしてきた。宗教は世界像を提示し、世界、人間存在の意義を明らかにしようとしてきた。現代の宗教による世界と人間存在についての解釈のモデルも二十一世紀の世界的展望に基づいていなければならない。そして現代に生きる人々のさまざまな切実な願いと期待に応えるとともに人生の意味と人間の根本的問題についても明快な答えを与える必要がある。

宗教は譬えて言えばステンドグラスのようなものだろう。ステンドグラスは背後からの光によって照らし出されなければそれが何を表現しているのかぼんやりとしか分からないままである。背後に輝いている光源は知性や感覚によって具体的には捕らえられない。しかしステンドグラスが人間の手によって作られたものであることは誰の目にも明らかである。だがしかし究極的なものはステンドグラスそのものにあるのではなく、ステンドグラスの背後、後方で輝いている光にあることを決して忘れてはならないだろう。ステンドグラスに譬えられる宗教は、それぞれの時代、文化、世界の理解の仕方に応じてこの第一現実を表象によって表現しているのである。これらすべての表象はいつの時代も変わらない同じ光によって照らし出されているのである。宗教はすべてその背後にある光源、究極的実在に注意するように促しているのである。宗教は結局のところ知性によっては捉えることのできない言表不可能な究極的実在の存在を説明するモデルに過ぎないのである。

宗教は地球を照らす月に譬えられる、しかし月は太陽の光を受けて輝いているのである。月それ自体には輝く力はない。月の輝きは太陽光線の反射に過ぎない。月が太陽と地球の間に入り込むと、太陽の光がさえぎられるために日食が起こり、地上は薄暗くなる。神性なるものは太陽に譬えられる。太陽は人々のために道を照らし、暗闇のなかで探し求めているわれわれに同伴できるようにと月に光を当て照らし出しているのである。

しかし宗教そのものがあまりにも重要視されすぎて、神と人間との間に入り込んでしまうならば、宗教によって神の根源、神性なるものが覆い隠されてしまい、それによって神蝕(Gottesfinsternis)が起こるのである。往々にしてどのような宗教においてもこのようなことが認められるのである。宗教において重要視されている目に見えるさまざまな外見上の事柄、文書化されたもの、聖典、祭式、伝統的に行われている諸々の事柄は言わばよそゆきの衣服、特別な晴れ着のようなものに過ぎない。神性なるものの根源を体得するためにはそのような外観を装おっているものを脱ぎ捨てることが肝要なのである。神秘主義はこうした特別な晴れ着のようなものを一切脱ぎ捨て去るのである。

神秘主義――すべての宗教の出発点であり究極点

過去数百年にわたって人々は賢人たちの根源的存在の神秘的一致体験を理論的に体系化し、知的レベルの事柄として概念化し、体系化しようと努めてきた。賢人たちの神秘的体験は観念的に体系化され、やがて絶対視されて独断的教条が作られることになる。それらに基づいて人生の意義、生き方が説かれることになった。遺憾なことだがこれらの観念的に体系化された教義、教説には議論の余地は残されず、やがて絶対的権威が認められることになったのである。人格神論的宗教が絶対的に支配する世界においては、ありとあらゆる類の迫害、排他的行為が行われた。それにもかかわらず、いつの時代においても繰り返し人格的有神論に対して根源的実在体験に注意をはらうように促し、勧めてきたのは神秘主義に他ならなかった。このような現実を考えると神秘主義はいずれの宗教にとっても信仰内容の根本的改革には必要不可欠な手段と考えられているのである。賢人たちによる神秘主義的体験が宗教として組織化され教条主義的になり形式化され、信仰そのものの硬直化が進む場合においても常に神秘主義はそのいのちを失うことはなかった。歴史を振り返ってみると絶対視された教条主義が個人の宗教体験を抑圧して排他的に優位に立ち始めようとするときには、根源的神性なるものとの直接的接触、一致体験を求める神秘主義的運動が必ず起こっているのである。神秘家たちは自己の良心に従わなければならないと考えるからである。それゆえに人格神論的宗教と根源的実在との一致体験を主張する神秘主義とは常に折り合うことができず、いつの時代も難しい関係にあった。神秘主義はいつの時代においても宗教が陥りやすい教条主義による信仰の硬直化に対抗して、神のいのちを取り戻そうとする抵抗勢力であったからである。

「神秘主義」や「神秘的」という言葉はひじょうに広義に解釈されていろいろな意味で用いられている。私は「神秘主義」という概念を狭義には、「空における一致」体験の意味で用いている。神秘主義において体験される根源は「空」（禅における Leerheit）、「無」（十字架のヨハネにおける Nada, Nichts）、「神性」（M・エックハルトにおける Gottheit）、「一切の存在の根源」（ニコラウス・クザーヌスにおける Ursprung allen Seins）、「第一原因」（ディオニシウスおけるerste Ursache）等と呼ばれているが、いずれもいわゆる「神性の無」の次元のことである。神秘主義的体験は究極的には概念的に伝達することが不可能な超理性意識の次元における覚知、直覚的体験である。神秘主義的体験はしかし個人的体験として考えられるにとどまらず、理性的に具体的様式として十分説明され得る理解と認識の方法である。

諸宗教の存在の今日的意義は繰り返しこの究極的実在に注意を喚起し、一切の表象や考え方の奥にあるこの究極的実在の体験に人々を導くことにある。もとより諸宗教は過去においても、現代、今日においても人類の歴史においてこの超越的次元への重要な道先案内人であることに変わりはない。しかし人々が究極的実在に到達するために昔から伝えられているこの体験的事実を今日、現代の言葉、現代の表象、現代世界の見方によってどのように伝えることができるだろうか。今日、これらの問題を実現するためにはただ組織的宗教諸機関において考えられている組織、制度の維持のためにみられるこまごまとした末梢的諸問題の改革によって実現できるような事柄ではない、現代宗教に求められているのは抜本的な構造的転換、根本的意識改革なのである。

宗教はわれわれに世界像を伝える。宗教は西欧において「神」と呼ばれているわれわれが第一現実、究極的実在、根源的現実と呼んでいる神の本性、神性なるものを知性によって把握し、記述し、概念的に説明しようとする。しかしこの第一現実、「神」の本質である「神性の無」は知的分別心、個的意識と何ら関わりがない、概念的に説明することができない。究極的実在は全く次元を異にする、時空を超越する次元の事柄だからである。第一現実、究極的実在、根源的現実は一切の表象や概念により表現されるものの奥に隠されているからである。

しかし宗教本来の真の意義はこの第一現実を体得することに他ならない。宗教は本来この究極的実在を体験できるように人々を導くべきだろう。諸宗教の真の一致もこの点にある。この点にしかあり得ない。言うまでもなく諸宗教宗派間の対話は必要であり重要な意味がある。諸宗教宗派の対話によって世界、人間のあるべき倫理的基本姿勢を創出することも重要である。しかし求められる真の一致は表層的な一致、協力や教義のすり合わせをすることではなく、「神性の無」における根源的一致以外にはない。諸宗教の真の一致は諸宗教の聖典や祭式によって告げ知らされている究極的実在を体験を通して覚知すること、体得することにある。結局は諸宗教の信条に表明されている事柄は同じ頂上へ登るための異なる登り道の一つに過ぎないからである。それを言葉で表現すると異なってはくるのだが、同じ頂上における純粋な宗教体験、真理は一つ、久遠の叡智しかあり得ない——アジア人であろうが、ヨーロッパ人であろうが、アメリカ人であろうが、仏教徒であろうが、ヒンズー教徒であろうが、イスラム教徒であろうが、キリスト教徒であろうがなかろうが、みな同じ人間であり、変わりはない。純粋な宗教体験、霊性はどのような地域、人種、国籍、宗教宗派に属するかなどとは無関係であり全く問題にはならない。

しかし霊性とはどのようなことを意味するのだろうか。霊性はさまざまな意味で用いられている概念である。私はこの概念を以下のように定義したいと思う。霊性は超個的、超理知的、横断的に宗教宗派を超越する究極的実在を体験する次元への道である。霊性の道は人間にこのような精神心理を超越する意識領域の存在、統合的霊性の世界を体得させようとするのである。しかしこの場合に重要なことは究極的実在の体験はどのような所でも体験できる。現実の世界の多くの事柄、同時に日常の実生活の多くの事柄とも関わりがあるからである。霊性は際だったエリートぶった境地のことではなく、むしろ今日の人間によってはあまり注意を払われることがないが、しかし存在の根底である究極的実在は根源的力動性の活《はたら》きによってわれわれの日常の意識に浸透しているのである。われわれがこの根源的存在の力動性の活きを意識する次元を最終的に神のいのち、宗教的意識、統合的意識、あるいは霊的意識と呼ぶかどうかは、個々人に委ねられるだろう。

新しい時代の宗教のパラダイム

世界を変革するということは個々の人間の意識改革においてしか始まらないだろう。そのためには一致体験することが必要である。しかしわれわれはどのようにして根源的存在との一致体験が可能な深みの次元まで達することができるのだろうか。どのようにして人間は真に人間らしい人間になり得るのだろうか。すべての宗教はそれぞれ修練の方法を心得ている。修練の道は合理主義的な知性偏重主義の狭い世界、分別思考の世界から脱出させ、観念的に構築された狭い現実世界を超越する新しい広大な世界の存在と真の人間実存の意義を示すことにある。

宗教における新しい時代のパラダイムは徐々にではあるが形成され始めている。今日、既存の組織的諸宗教宗派ごとによる人々の結束意識は次第に弱まり、失われてきている。しかしそれにかわって宗教的深みの次元への憧憬の念の高まりが一般的にみられる時代を迎えている。

現代の心ある宗教的人間はもはや組織化された既存の宗教機関内に留まろうとはしていない。既存の宗教機関によって説かれているさまざまな独断的絶対主義、教条主義的、排他的信仰宣言に心の支えを求めようとはしていない。大方の人々はキリスト教が社会秩序とされていた時代の昔からの伝統的な宗教の在り方に心の安定を得る答えをもはや見出せなくなっているばかりかリアリティーを感じられなくなっているからである。今日、宗教に求められているのは新しい時代にふさわしいパラダイムによる先導的役割と二十一世紀に生きる人間存在の意義の問題に積極的に答えを与えるということにある。

宗教はいつの時代においても時代にふさわしい新たな要素を取り入れ、また組織化されることもよくある道の精神共同体である。真の宗教は時代の変化や要望を積極的に取り入れることができるからである。伝統的パラダイムによれば、われわれ人間は霊的体験もする存在であると言う。しかし新しい時代のパラダイムでは、われわれは人間的な体験もする霊的存在であると考えるのである。われわれは神と離反した存在であると一般に説明されているような原罪に満ちた存在、第一現実、究極的実在と完全に離反した存在ではない。われわれはこの第一現実、神性の無の根源的力動性によって生成されている存在であることを知らないだけなのか、あるいはこのことを忘れてしまっているに過ぎないのである。われわれは自分のことを、海水が打ち寄せる時をいつかいつかと待ち焦がれている乾ききった浜辺の砂のように考えているが、しかし実はわれわれは海水なのであり、海水は浜辺の砂と共に揺れ動いているのである。

このような新しいパラダイムによって聖書や神学によって注意を促されている神秘的一致体験が再び宗教の核心として考えられるようになってきているのである。「神」と呼ばれている存在はただ崇敬される存在としてではなく、生きられることを望んでいるからである。真の宗教はわれわれ人間存在が根源的存在の力動性である神の活きによって生かされ、振る舞い、行動する霊的存在であることを明らかにする。生物学的種としての人間存在の未来は人々が人間をこのような存在として認識できるか否かにかかっている。

霊性はしたがってただ考え方に終始する概念としてではなく、行為として体験が求められる人間存在としての行動原理の次元である。理性による知性至上主義的概念知による説明だけでは人生の根本的問題について人々を満足させるような答えを与えるのは難しいだろう。われわれの人生について納得いく、説得力のある解釈をするには超個的な現実、究極的実在との神秘主義的な一致体験をどうしても考えざるを得ないからである。人格の変容と同時に人類が変容するためには神秘主義的一致体験が不可欠な前提条件であると私は考えている。

霊性の次元はすべての人間に潜在的能力として生まれながらに備わっている。霊操的修練によって展開することができる真の人間存在の次元である。すべての霊操の道の伝統を振り返ってみると、全く一致した見解に基づいて証拠立てられている同質の体験が繰り返し行われていることが見られる。霊操の道として仏教においては禅の道、ヒンズー教においてはヨガの道、イスラム教においてはスーフィーの道、ユダヤ教においてはカバラの道、キリスト教においては神秘主義的観想の道が考えられる。諸宗教の真の一致はこれらすべての神秘主義的道によって導かれる体験の次元においてしか見出せないだろう。究極的にはこの体験の次元によっていずれの宗教宗派の枠も超越されるだろう。その場合いずれの宗教においてもさまざまな修行の方法がとられ、さまざまな名称で呼ばれてはいるが、行われているのはいずれも一切の存在者の根源的存在との一致体験のことに他ならない。すべての宗教は横断的にみられる同一の普遍的根源的存在、神性なるものを根底に有しているからである。このような一致体験をした者はその体験の同質性を確信し、いずれの宗教の霊性の道もこの根源との一致体験の表現の違いを表しているに過ぎないことを知るだろう。

神秘家ハディウエィヒ・フォン・アントウェルペン（＊2）はこのことを次のように的確に述べている。「一切の事柄が私には局限されたもの、非常に狭小なもののように思われる。創造された〈神〉ではなく、神の本性である神性なるもの、究極的実在とともに永遠にありたいと私は思う。私は究極的実在を全面的に受け入れる。究極的実在、神性の無において対立する一切の限界あるものから解放されるからである」。

新しい表現が必要である

ディートリヒ・ボンヘッファー（＊3）は次のように言う。「神に召されるその日を予測することはわれわれ人間の関知する事柄ではない――しかし神に再び召されてその日を迎えることになるだろう。この世にある人々は神に召されてその日を迎えることによって変化して、よみがえるというのは神の言葉である。神に召されてその日を迎えることになるというこの言葉は死を宗教的に説明するに足る十分な表現とは言えないかもしれないが、しかしイエスの言葉と同じように安心と心の安らぎ、救いをあたえる新しい表現と言えるだろう。人々はその言葉を聞いて身のすくむ思いをするが、しかし同時にその言葉を聞いて死の不安を克服できるだろう。この言葉は心安らかに死を迎えることができるという真実を新たに表現する言葉であり、神と人間との和解と神の国の近づいていることをわれわれに告げる言葉だからである」。

このような新しい言葉による表現がわれわれに必要である。このような新しい言葉による表現は深みの次元を体験することによってしかできないだろう。キリスト教において昔から語られている伝統的な言葉によって表現されている事柄は多くの人々にはもはやリアリティーをもって信じられなくなっているという今日の状況をますます私は痛感している。長い間これまで慣習的に用いられているさまざまな伝統的表象、象徴的表現はもはや多くの人々にとにかく受け入れ難くなっている現実がある。神についての説明の仕方が根本的に現代の世界の見方とかけ離れてしまっているからである。現代人のものの見方はここ数十年の間に根本的に急激に変化してしまっている。量子物理学者は観察されているもののなかで観察している者の影響を受けないものは何一つないと言う。人間の知性をもってしては宇宙森羅万象の秩序を客観的に把握して、一切を理性的に見抜くことは不可能であるということは次第に世間一般に認められている事実である。われわれが生きているこの現実世界をわれわれ自身が作り上げてしまっているのである。われわれはひじょうに主観的に主体的世界を作り上げてしまっている。しかしこの現実の世界は知性によって思い描かれている世界とは全く異なっている。宗教的世界のものの見方も作り上げられるのである。われわれは宗教的世界のものの見方も繰り返し時代にふさわしく作り直し、更新する必要があるだろう。

このような私の思い切った考え方が大胆極まりない発言であることは十分承知している。だがしかしあまりにも多くの人々がこれまでの神についての考え方、表象に人生の救いも意義ももはや見出せなくなっているからである。究極的実在を体験することの重要性が多くの人に理解されて一般に広く体験されるようになるにはまだしばらく時間がかかるだろう。しかし近い将来、究極的実在を誰もが神秘主義的体験をする神秘主義の時代を迎えることになるだろう。人間は現在みられるような発展段階にいつまでも留まっているとは思われないからである。われわれには知的に「〈神〉を信じるということ」を突破する超越的体験が必要だからである。ひじょうに明白な次の事柄が重要である。つまりわれわれは超越的に体験される「神性なる根源」と決して分断されていないし、これまでも分離してはいなかったという認識である。「原罪」と言われていることはわれわれが「神性なるもの」に基づいた根底的存在であることが「自我」と呼ばれているヴェールによって覆い隠されて、正しい認識ができなくなっているに過ぎなかったということだからである。この神性なる最奥底の根底は部分として切り離されてしまうことはあり得ない。神性なる根源は常に部分においても全体なのである。大海が常にすべての波においても全体であるのと同様である。波即海である。大海の波がどれくらいあるのかを把握できるかは別問題である。この神性なる根源はしたがってただ一切の事柄に現存しているだけではない。この根源そのものが「今、ここ」に顕現しているということである。東方世界の神秘主義の道も西欧世界の神秘主義の道も目指しているのは深みの次元において一切の存在の一致を体験することである。

現代社会に全く新しい宗教的意識が目覚め始めている傾向は確かである。既存の諸宗教はいずれも信仰内容の硬直化がみられ活気を失っているが、このような硬直化した現在の状況を乗り越えて、人々を神性なる根源との一致体験により、愛と連帯をもたらそうとする新しい運動に希望が見出され始めている。このようなことは宗教が本来、根本的に目指すべき目標だからである。根源である神性の無なるものとの一致体験を目指す場合にしか宗教は時代にふさわしい人生の意義を説明することはできないだろう。現代世界には新しいヴィジョンが求められている、それは一致体験によりすべてが一であることを自覚させる叡智であり、叡智はすべてを一ならしめる原動力であるということである。人類を家族のように考える根源的一致、宇宙森羅万象の根本的構造は愛であるという認識が重要である。個々の人間がこのような認識に達するためには慌ただしい現実の生活から一歩退いて、静謐な時間を過ごすように心がけなければ到達できないだろう。私がここで言わざるを得ないことは霊性的道の修練、霊操の道を歩むことなしにはすべてを一ならしめる根源的力動性である叡智、真の人類愛と連帯を認識できないということである。

（＊1）Hans-Peter Dürr（一九二九～二〇一四年）ドイツの核物理学者、素粒子工学者。一九七八～一九九二年、ドイツ・マックスプランク研究所、宇宙物理学研究所長。一九七二～一九七七年、マックスプランク物理学研究所副所長。認識論、哲学の分野でも活躍する。ノーベル賞受賞者ウェルナー・ハイゼンベルクの助手を長年務め、彼の後継者となる。現代物理学の問題を科学の領域からだけではなく広く、人文科学、宗教との関連のなかで捉えている。科学者の責任とエネルギー政策について提言するとともに、世界平和のための運動に積極的に参加、行動した。Warum es ums Ganze geht, München, 2009, S.106.

（＊2）Hadewijch von Antwerpen（一二一〇～一二六〇年?）オランダの神秘主義詩人。

（＊3）Dietrich Bonhoeffer（一九〇六～一九四五年）ドイツのルター派教会牧師、神学者。ナチズムを鋭く批判、第二次大戦中ヒトラーに対する地下抵抗運動に参加、ヒトラー暗殺計画に参画、ゲシュタポに捕らえられ、二年間収容所生活を送った後、敗戦直前に絞首刑に処せられた。邦訳に『ボンヘッファー選集』（全九巻、新教出版社）がある。

10　信条

「一《いっ》なるもの」は私の真正の本性
また生きとし生けるものの本性である。
「一なるもの」は時間を超越していて、変化することがない、
それは時間のなかで展開する。
それは今ここに存在する私という形相にも顕現している。
それは私の誕生によって生じたのでもなければ
死によって消滅することもない。
それは善でもなければ悪でもない、
「一なるもの」に比べることができるものは何一つない。
それは不二であり、大海のような存在である、
大海はいつまでも何ら変わらないままである、
たとえ大海に何百万、何千万という波が作り出されるとしても。

この「一なるもの」は一切の事柄の根源である。
「一なるもの」は無限の存在である。
「一なるもの」は始まりのある存在では決してない
「一なるもの」には時間がないからである。
それゆえ「一なるもの」の活《はたら》きは決して終わることもない。
「一なるもの」は体験することしかできない。
それは一切の行為、振る舞いの奥に隠されている
創造世界を観照する永遠の聖なる目撃者とでもいう存在である。
「一なるもの」は一切の形相あるものを生成する
無相の潜在的活き、根源的力動性、神性の無の活きである。

この「一なるもの」が私の真正の本性、真実の自己である。
この「一なるもの」はいかなる神学、哲学、
神義論や形而上学の領域をも超越する。

この「一なるもの」は信仰とも何ら関わりがない。
この「一なるもの」は一切の限界を超越する絶対的現在、永遠の今である。

この「一なるもの」の活きである時間を超越する永遠の今、絶対的現在から
宇宙森羅万象のさまざまな形相と本性が発出する。
それは途絶えることなく深みから溢れ出る
干上がることの決してない泉のようである。
ディオニシウスはこれを「第一原因」と呼んでいる。
彼はそれを見事に表現している。
「一切の事柄の第一原因は
存在でもなければいのちでもない、
第一原因は存在といのちを最初に作り上げたものとして
すでに存在していたからである。
第一原因はまた概念でもなければ
理性でもない、

第一原因は概念と理性を作り上げたものとして
すでに存在していたからである。
第一原因と呼び得るものはこの世に何一つない。
この世の一切の事柄は
第一原因によってすでに作り上げられてしまっているからである。
しかしそれにもかかわらず第一原因は
力がないわけでは決してない。
なぜなら第一原因はすべてのものを作り上げ、
存在する一切のものを存在させているのだから。
創造すること、存在させるには
実際何かあるものを創造し、存在させるための
力が必要である、
しかしそれにもかかわらずこの第一原因は
力でもない。
なぜなら第一原因は力を最初に作り出したものとして

すでに存在していたからである」。

常に新しい形相あるものはこの「一なるもの」から生成されている。
この「一なるもの」は原因とされる事柄の根源的原因である、
しかし原因と原因によって生じる結果を
意味するものではない。
「一なるもの」は「無」だからである、
無は繰り返し新たに生成されているのである。

一切の事柄と生きとし生けるすべてのもの
われわれ人間もまた
この純粋な根源的「無」から生成されているのである。
われわれはこの「無」から創られた形相なのである、
金製の指輪が
金で作られた形相であるのと同様である。

指輪は金そのものではない、金は指輪そのものではない。
指輪と金は金製の指輪として一体のものである。
金は金製の指輪として存在しているが
しかし金製の指輪になっても金は金のままで何ら変わりはない。
金製の指輪と同じように人間、動物、樹木、
花、石、水、山、惑星、
衛星、恒星、渦巻き星雲、
われわれ自体、われわれの抱く感情、
さまざまな考えやもくろみ事に至るまで
この「一なるもの」によって成っている。
しかし「一なるもの」はそのことによって何ら変わらないままである。

この「一なるもの」は言わばわれわれの姓、名字のような存在である。
われわれは皆この「一なるもの」の「一つの家族」のような存在なのである。
この「一なるもの」は分母である。

分母はすべての分子に関与している。
われわれはこの「一なるもの」であるのだから、
われわれもまた生じたのでもなければ
消滅することもないだろう。
われわれは人間の本性から考えて
不生、不死なる「一なるもの」の存在なのである。
われわれはまぎれもなく「一なるもの」の存在として今ここに存在しているのだ。
今ここにあるこの形相は変化する、
しかも今というこの瞬間においても絶えず変化しているのだ。
波が絶えずその形を変え続けているのと同じように、
しかし大海は何ら変わらず同じ状態のままである。
波はいつまでも同じ波の姿のままであり続けることはないのだが、
しかし同じ大海の水であることには依然として変わりはない。
「一なるもの」は絶えず同じ状態のままであって、

決して変化することがない。
外見上の形相は消滅するだろう。
しかしわれわれが最奥底の存在であることは
消滅することもなければ破壊されることもない。
このことを抜隊得勝《ばっすいとくしょう》禅師（＊1）は
ディオニシウスと同様のことを書き記している。
『「一なるもの」（＊2）は誕生によって生ずるのでもなければ、
死によって消滅することもない。
「一なるもの」は男性のものでも女性のものでもない。
「一なるもの」は善いとか悪いとかいうものでもない。
「一なるもの」に比べられるもの、譬えられるものが何一つないのだから、
それゆえ「一なるもの」は「仏性」（＊3）と呼ばれる』。

「一なるもの」はわれわれの誕生によって生ずるのではない。
「一なるもの」が現在ある形相に限定されて存在しているに過ぎない。

「一なるもの」は死によっても滅びることはない、
ただ現在ある形相のみが消滅するだけだからである。
たとえ人々が
自分が確かに今まで生きてきたかのように
あるいは生きて体験を重ねてきたかのように
さまざまな事柄が繰り返し思い出されることがあるとしても、
生きてさまざまな体験をさせているのは
すべてこの「一なるもの」である根源的存在に他ならないだろう。
外見上の形相は消滅するだろう、
しかしわれわれが真に存在するということは
時間を超越しているのである。

われわれは根源的存在である「一なるもの」の顔、「本来の面目」を有している。
「本来の面目」は悪の陰に隠そうとしても
隠すことができない。

あなたがあなたの真実の姿、「本来の面目」を覚知する境涯にたどり着けば、
あなたはその顔を再認識するだろう。
その顔はあなたにとって昔から見慣れた顔である。
その時あなたは知るだろう、
その顔は常に変わらず同じ顔であったことを、
その顔はあなたの誕生前から、
あなたの父母の誕生前から、
悠久の昔から変わらないことを、
それは現在ある宇宙森羅万象の終わりにおいても変わらず同じ顔であることを。
この世は没落するかもしれない、
しかし没落する時にも
この「一なるもの」は顕現している。
没落するということは没落することでは決してない、
没落は異なる次元への継続であり、様態の移り変わりに過ぎない、
それは新たな始まりだからである。

深みの次元における一致体験によって
われわれは気づくだろう、
「生成の源泉である語り得ない神性の無の活き」（ES）自体は完全に沈黙したままだが、
しかし外見上の形相だけが
生じては消え去って行くのだということを。
その時われわれは
われわれの経験的に分かりきっていることを
ようやくはっきり認識するだろう。
そして今まで知識として分かりきっていたこと、
そのことをただすっかり忘れてしまっていたのだということに
初めて発見したかのようにあらためて気づくのである。
われわれは、「永遠の今」の瞬間でしかない「時」において顕現する「それ」（ES）、「生成の源泉である語り得ない神性の無」に触れることになる。
カイロスとは「それ」が顕現する充溢の瞬間、「永遠の今」が自己限定する瞬間である。
「永遠の今」を生きる境涯に辿り着いた者が感得するのは愛である。

（＊1）一三二七〜一三八七年、臨済禅師家。臨済宗向嶽寺派の祖。慧光大円禅師。『塩山仮名法語』がある。

（＊2）「真実の自己」「本来の面目」「自心」「絶対的霊」。

（＊3）生きとし生けるものの本性、生まれながらもっている本性、本来備わっている真実の姿。

11　祝いの言葉

ウィリギス・イェーガー師の八十五歳の誕生日にあたり、ここにお祝いの言葉を直接述べることができないすべての人々と共に、われわれは尊師のご多幸を心からお祈り申し上げます。

愛と感謝の念をこめて

ドリス・ツオルス（Doris Zölls）
アレキサンダー・ポレイユ（Alexander Poraij）
デイルク・アルハウス（Dirk Ahlhaus）

ホルツキルヒェンにて　二〇一〇年　三月七日

12　感謝の言葉

クリスタ・シュパンバウエル［Christa Spannbauer］とウルズラ・リヒャルト［Ursula Richard］両女史に心より感謝申し上げます。お二人によるインタビューの積極的提案がなければ本書は誕生しなかっただろう。

同じくカタリナ・シェフェールトーコーベル［Katharina Shepherd-Kobel, スイス在住の水墨画家、禅の指導者。H・真備・愛宮ラサール師の導きにより故山田耕雲老師の下で修行、その間に水墨画も学んだ］女史の墨絵のご協力にも感謝の意を表したい。

ウィリギス・イェーガー

訳者あとがき

ここに訳出した『久遠の叡智』は最初から著書として計画されたのではなく、二〇一〇年、ウィリギス・イェーガー師八十五歳の誕生を記念して企画された対談を基に編集されたものである。ホルツキルヒェンにおいてイェーガー師の秘書を長年にわたり務め、現在フリーのジャーナリストとしてベルリンで編集者として活躍しているシュパンバウエル女史の企画によるものと思われる。彼女が神秘主義に深い関心を持つベルリン在住の翻訳家、編集者であり、著作家でもあるウルズラ・リヒャルト女史をまじえて行った対談の内容を編集したものである。この二人は二〇〇九年に出版されたW・イェーガー師の著書『愛について』の編集者でもある。なお本文以外に感謝と祝いの言葉の他に短い文章が掲載されている、また本文中にカタリナ・シェフェールト・コーベルト女史の墨絵も挿入されているが、いずれも本書の内容に直接関係がないと思われるので諸般の理由により割愛した。

本書は師の数多い著作の中の一小冊子に過ぎないが、師の深い思索、東西世界の宗教についての該博な知識と体験が凝縮されている。師は東西世界の霊操の道を双修することによって根源的実在の力動性である「神性の無」を体験した。宗教の本来あるべき姿は真の人間への道、真の実在への道程であり、久遠の宗教、久遠の叡智にあることが語られている。宗教が「久遠の宗教」であるためにはいわゆる「宗教」と呼ばれている存在が掲げている信条の奥、彼方にある根源的実在を目指さなければならない。

対談を基にして作られているので本文中の引用文献、語句の出典の表記、原注の記載等は一切ない。したがって引用されている多くの文章の中には、難解な部分、部分的に引用されているために分かりにくいもの、出典も確認できず明らかでない箇所もある。本来ならばイェーガー師に問いあわせるところだが、目下病床にありそれも果たせなかった。しかし原典を確認できず推測の域を出ない場合も文脈などから類推して参考になると思われる文献はできるだけ表記するように心がけ、読者がイェーガー師の考えを辿る際の一助になることを願って注も付することにした。出典の表記、注釈を加えるべき項目、またその内容、訳語などに不備、注釈の適切でない箇所があるのではないか危惧している。読者のご叱正、ご教示をいただければ幸いである。

ところで本書のみならずイェーガー師の著書には「霊」「霊性」(Spiritualität) という言葉がしばしば用いられているが果たしてこの霊とは何かということ、霊性の本来の意味はわが国において一般的にどのように理解されているだろうか。霊性、神秘主義といった言葉の受けとめ方は必ずしも一定しているとは言えない。あいまいなままで用いられているように思われる。

とりわけ「霊性」という用語は「神秘神学」「神秘主義」等多くの用語と関わりがあるのだが、過去にカトリック教会の中で使われていた神秘主義という言葉は時代の流れの中で次第に「霊性」に置き換わってきているようにも思われる。

わが国においても一般的には十分に正しく理解されているとは言えないだろう、むしろ本来の意味で受けとめられていると言うよりも誤解されている場合のほうが多いと言えるかもしれない。言うまでもなくこれらの言葉の定義それ自体は宗教的、哲学的、神学的立場からの検討、何らかの定義づけとその本質の説明が求められる事柄だろう。しかしながら本書の理解、イェーガー師の「霊性」の理解を深めるためにもこのような現実を見過ごすことができないように思われるので神学、哲学、宗教学による学問的考察を欠くがいささか考えておきたいと思う。

「霊」と呼ばれているものは目に見ることのできる人間や物の物理的「働き」とは異なり、目には見えないものの有する不可視の「活《はたら》き」である。わが国においては「霊」に関わる言葉を考えてみると、霊界、霊牌、霊前、霊廟、霊域、霊地、霊園、霊峰、霊山、霊水、霊力、霊気、山霊、霊験、霊妙、霊魂、霊感、等々霊に関わる数多くのこれらの言葉にはいずれもたましい、霊魂、とりわけ死者のたましい、不可思議で尊いもの、目に見えない力の活き、それによる感得、霊妙ないわゆる「気」との関わりがみられる。しかしながら根本的には神佛の霊威、神々の霊験とは必ずしも全く無関係とまでは言い切れないものの、一般的には死者の世界、霊魂と考えられている場合のほうが多いように思われる。ただ「霊」「たましい」が一語として用いられる場合、故人の霊という用い方をする。その他に一般的傾向としては幽霊、亡霊、悪霊、死霊、怨霊、霊媒、霊能などになれば、何か言い知れぬ怪しげな力、いかがわしい、ただ恐ろしい不合理で不気味な理性的には信じ難く、これらの力にはどちらかと言えば逆らい得ない不吉な感じを表す忌み嫌うべき不可解な力の存在、心霊現象として考えられているように思われる。一般的には「霊」は人生において積極的に意味ある不思議な大いなる力、神仏の霊威の「活き」として理解されていると言うよりも、奇怪な現象を起こさせる不気味な力による心霊現象の次元のことのように考えられていると言えるだろう。日常生活ではできれば「霊」という言葉を用いることは極力避けたい不気味な負の力の存在のイメージを有する言葉の一つとして考えられる場合が多いのではないだろうか。しかし霊は言うまでもなく絶対的実在であり怪しげな心霊現象とは無関係である。

このような一般的、通俗的な考え方は問題にするには及ばないと言えばそれまでのことだが、本来「霊」という言葉はそうした考えとは全く異なり、人間を人間たらしめている活き、人間存在を根底から支える根源的絶対的実在である。

「霊」という言葉はキリスト教の信仰によれば「神の霊」であり、「神の息吹」であり、「神の霊」の活きが「霊性」であるということを考えると、「霊」という言葉を用いる場合にはわが国においてはこのような実情を十分勘案して用いる必要があるだろう。「霊性」という言葉を用いるためには「霊」とは何か、「霊性」の歴史を振り返り、哲学、宗教学、神学など学問的立場から統一的な定義、積極的な意味づけと説明が求められるだろう。

多くの人々は人間をただ肉体と精神よりなる存在に過ぎないと言い切ることもできず、それだけで人間存在を十分に説明することができるとも思われず、人間には人智を超えた根源的な何か言い知れぬ不思議な「大いなるものの力」が活《はたら》いているのではないだろうかと薄々感じてもいるのも事実だろう。言葉で説明することはできないにしても、何か言い知れぬ大いなるものの「活き」を持った存在の影響を受けているのではないかと大方の人々は漠然と感じているというのが実情ではないだろうか。人々は信仰とは無関係に、何らかの信仰を持っていようがいまいが、言葉では言い表せない言語を絶するような状況に陥った場合に「自分が生きているのではなく、自分は何ものかに生かされているような気がする」という言葉を口にする現実にわれわれはしばしば遭遇する。こうした表現の現実は日常生活のなかで強く意識することはないが無意識のうちに人間が何らかの内在的超越者の霊的な活きのうちに生かされている存在であることをおぼろげながら認めて口にしていると言えるのではないだろうか。

「霊」とは本来「神の霊」であり人間全体に対する活きなのである。人間を「身体」「精神」「霊」よりなる存在と考えることができるならば、この場合に「霊」は負のイメージを持った存在では決してない。それは絶対的実在の異名、超越者の活きという積極的な意味をもってくるからである。ギリシャ語の霊、プネウマ（pneuma）は語源的に「風」「空気」「呼気」「息吹」などを意味する。昔から身体のなかに宿り支配する生命の原理と考えられた。ストア派では一切の存在の原理、すべてに内在しすべてに浸透しすべてを自己から形成する生命と理性とを備えた、自己運動する物質をプネウマと呼んだ。つまり、一者、神、ロゴス、あるいは火と同一視されるものであった。この派の世界観によると一者が展開して多なる世界となり、これが一者に帰するのである。ラテン語のspiritus（霊、精神）の語源もヘブライ語ルアッハ（ruach）、ギリシャ語のプネウマ（pneuma）と呼ばれる物理的現象としての「気息」、「風」から着想されたもので精神についての原初的観念である。プネウマ（霊）は神の息吹に他ならない。われわれは神の息吹によって生かされているのである。息吹によって真の実在、新しいいのちの次元へと目覚めさせられていく、霊性とは神の霊の活きなのである。

「霊性」とは絶対的実在である「霊」がいのちを与え、活気づけ、生気を与える活き、信仰生活を深めるとともに、信仰生活のみならず多種多様な道を完成させるよう促す現実生活全体に関わる活きのことと言えるだろう。

「霊性」（Spiritualität）という言葉はMaterialität（物質や肉体）の対義語であり、「精神性」、精神的であることを意味し、「宗教性」、「求道性」「求道心」などとも訳されることがある。『哲学事典』（平凡社、一九七五年）にはまだ霊性という項目はたてられていない。『広辞苑』（岩波書店）も第六版（二〇〇八年）に初めて「霊性」という項目がたてられて「宗教的な意識、精神性。物質を超えて精神的、霊的次元に関わろうとする性向。スピリチュアリティ」と定義されている。本文によれば「霊」は肉体に宿り、または肉体を離れて存在すると考えられる精神的実体、たましい、たま、とある。『広辞苑第六版付録』にも「霊」の項目がたてられ、1——「霊」はたましい、たま。2——はかり知ることのできない力がある、目には見えない不思議な力。3——尊い、恩恵、とある。

「霊性」という言葉はさまざまな意味で用いられ、「霊性」の受けとめ方は主義主張の立場、それぞれの歴史的背景、文化圏の相違、信仰生活などの固有な具体的状況により必ずしも一定しているとは言えない。固有な生き方、個々人の歩む「道」によって異なる多様性が考えられてあいまいなままで用いられているが、根本的には人間を人間として活かしめる活きと言えるだろう。一般的に承認されている統一的定義は未だ存在しないが、しかし「霊性」という言葉には諸宗教に通底する宗教性、根本的に普遍的な意味内容が含まれている。「霊性」とは人間が自己の存在の根拠とする究極の目標である超越的絶対者、霊的実在、絶対的神秘、秘儀的なものに対してどのように関わるのか、その生の在り方とでも定義づけることができるだろう。霊性は体験、行為についてのことであり、単なる理論としての考察を意味するものではない。霊性は信仰者の生活が始まり、営まれる道に関する事柄である。

識者の霊性についての考え方を二、三見てみよう。

例えばキリスト者の霊性という場合には「一人ひとりのキリスト者がどのようにイエス・キリストの福音を受容し、客観的な啓示、救いの神秘をどのように受けとめ、その信仰の生き方をどのように具体的に実践するか、その具体的な信仰の生の営み方、信仰の実践様式である」と言う（百瀬文晃『キリスト教の神学と霊性』サンパウロ、一九九九年、二四七頁以下）。

荒井献は「霊性とは、イエス・キリストを介して働きかける神の霊に応答し、人間の身体的・精神的・社会的領域をダイナミックに根底的に支える次元（スピリチュアリティ）に即して形成される生の在り方である」と言う（荒井献『初期キリスト教の霊性』岩波書店、二〇〇九年、四頁）。

若松英輔は「〈霊性〉とは宗教的差異の彼方で超越者を希求すること、あるいはその態度を意味します」と言う（若松英輔『霊性の哲学』一三頁）。

「霊は〈一者〉の座であり、人間が超越者から生じた証である。その意味に従えば、霊性とは、〈霊〉が始原的実在である一者を希求する働きであると言える。霊性とは存在者に備わる始原回帰の本能に他ならない」（若松英輔『井筒俊彦──叡智の哲学』二〇一一年、一八頁）。

ベネディクト会士としてキリスト教的観想と坐禅修行を双修し、「道の精神共同体」(Weggemeinschaft) を形成したイェーガー師は「霊性とは超個的、超理性的、宗教宗派を超越する究極的実在、神性の無を体得する道である」と言う。


しかしわが国では一般的には「宗教性」、「霊」、「霊性」、「神秘主義」という言葉を聞いただけで不気味な心霊現象や怪しげな自称霊能者を思い浮かべて、これらの言葉に多くの人々はあまり興味も関心も示さない。自分は無宗教である、自分にとっては考える必要もないと敬遠するか、それよりも何か特定の抹香臭いいわゆる既存の宗教宗派の存在や怪しげな宗教活動を思い浮かべて無宗教、無関心を装うばかりか、いわゆる宗教一般に関連する事柄に対して忌諱感、拒否感を表すのが大方ではないだろうか。

しかしイェーガー師が宗教という言葉を用いる場合には抹香臭い既存の特定の教義に基づい

た宗教宗派の組織を意味するのでもなければ、世界教の合成や単なる対話による諸宗教の表層的混合、典礼や教義のすり合わせ、組織の折衷に終始する混合主義を期待しているのでもなければ標榜しているのでも全くない。イェーガー師の説く究極的宗教の在り方は通常のいわゆる宗教の概念とは全く次元を異にしていると言えるだろう。宗教宗派を問わずその根底にある「普遍的神性」「神性の無」「叡智」を問題にしているからである。既存の一切の宗教宗派を超越する言わば超宗教宗派的宗教とでも言える次元である。宗派を超越して諸宗教に横断的に内在する霊性が考えられている。いわゆる従来「宗教」と呼ばれている既存の宗教はそれぞれ「宗教が掲げる信仰箇条」の奥にある根源的実在を目指す必要があるという考えである。一般的宗教の考え方とは次元を異にする、宗教そのものの存在の在り方を根源的に考え直そうとしているのである。それは既存の「宗教」という概念の範疇を超える根源的「普遍的神性」を基底とする人間の生き方、行動原理、将来あるべき信仰の在り方、宗教が本来立ち返るべきあるべき「原宗教」(Urreligion) とでも言うべき宗教の根源的姿である。宗教宗派の差異を越えた霊性の世界の存在である。宗教宗派を超えた霊性、神論は「神性の無」の体験を経ることによってのみ語られるだろう。このような「普遍的神性なるもの」の存在という考え方はある意味ではわが国においても理解されやすいかもしれない。

イェーガー師は汎神論者であると誤解されることがよくあるが、一切を神そのものとする汎神論者ではない。すべてが「神」なのでなく、「万有内在神論」「汎在神論」［Panentheismus］的である。一なる「神」が森羅万象に、一切が「神」に包まれて「神」の内に内在するだけではなく、一切の存在者が「神」を内に包みつつ存在している、万物に「神」が超越的に内在しているという思想と言えるだろう。

イェーガー師は「神はすべての形姿あるものにみられる活きである。神は決して形姿なき存在ではない。神は常に受肉し、形相として顕現している。イエスが『父』と呼んでいる根源的現実は神の言葉（Logos）、神の子という姿になった。神は樹には樹として、動物には動物として、星雲には星雲として、宇宙森羅万象には宇宙森羅万象として、人間には人間として、私には私として顕現している。根源的現実は形姿あるすべてのものに顕現している。すべてのものに神は一つ残らず顕現している。神がイエスに顕現したように、パンと葡萄酒の姿で、花には花の姿で、人間には人間の姿で顕現しているのである。これが受肉ということである。

一体なぜ受肉をイエスという一人の人間にだけ限定するのだろうか。受肉して、人間になること、創造されること、生き物になること、これは絶えず神が顕現しているということである」と言う（参考『W・イェーガー講和集Ⅱ』二六五～二六六頁）。

宗教の本質は本来、宗教宗派の教義を超越する人間本来の在り方、真の生き方として、人間が真の人間になるために、禅で言う「本来の面目」「本来の自己」、その根源である「神性の無」を体験するための霊性の道と言えるだろう。

真の宗教は真実の自己を生きることである。既存の宗教宗派を問わず、定常的信仰に基づく信仰の在り方を決して否定する者でも軽視する者でもないが、しかし本来信仰に生きるということは教義に従い、教説を知的に理解し、承認し、慣習、伝統を忠実に守り、定められた掟を順守し、外在的超越的存在を礼拝、崇敬してさえいればそれらが信仰生活のすべてであるとは言い切れないだろう。

信仰が「体系化されたもの、知識や自然科学の体系の類、あるいは神の存在とか宇宙の本質についての洞察のようなもの」としての概念知と同様に考えられ、信仰を神学的知識という観点からのみ考えることをもって事足りるとする知性第一主義的になる、信仰のイデオロギー化とでも言える現象が始まるのである。このような信仰のイデオロギー化によって体系化され、絶対化された知的信仰に安住し、神の恵みを受けているという安易な救済観、閉鎖的自己満足感に陥り易くなる現象がみられるのではないだろうか。

キリスト教の信仰の中に含まれている霊的体験、霊的悟りが一般的にあまりにも軽視されすぎてはいないだろうか。内在的に超越する魂の最奥底の根底的存在、真の自己、自己の存在の根拠を振り返る体験の道をおろそかにし過ぎてはいないだろうか。存在の根源である内在する超越的絶対的存在によってわれわれは活かされているというのは真の信仰の根底である。霊的体験の道により神性なる根源的活きにより自己にたちかえり、神のいのちの活きにより真正の自己を生きる霊性の道のあることが忘れられてはいないだろうか。

宗教は何よりも根源的「神のいのち」を生きること、われわれは「自己の本性」に目覚め、真の自己を自覚して生きること、「永遠の今」を実存的に生きることだからである。そのための修練が真の実在の体得、「久遠の叡智」への道程、霊性の道なのである。既存の宗教宗派によって説かれようが、説かれまいが、人々が意識していようがいまいが、誰の心のなかにも自己自身の内にある内在的超越者、人間の心の最奥底の根底に無意識のうちに刻み込まれている言表不可能な無名の超越的絶対者である究極的実在との第一義的接触、神の原体験、魂の根源にある超自然的な実存規定、聖霊の場とも呼ぶべきものが生まれながらに備わっているからである。イェーガー師は「一なるもの」の自己顕現的表現である「神」という言葉を用いるのに極めて慎重で「究極的実在」「第一現実」「根源的現実」という表現を用いている。それは

「〈神〉の本質」「〈神〉の本性」、「神性の無」と呼んでもよい。禅で言う「無相の自己」に相当する。禅で言う「父母未生以前の本来の面目」である、ありのままの真実の自己、生まれる前の自己、「父母未生以前」とか「天地未分以前」の自己、生まれながら有している本性、仏性、「無位の真人」などいろいろに表現されている。人間が本来備えている真実の自己であり、この「絶対的霊」こそが永遠にして普遍の真理であり、「久遠の叡智」と呼び得るものであろう。霊的道によりさまざまな迷妄を払拭して「普遍的神性」と言えるこの「久遠の叡智」に目覚めて生きること、神性なるものの力動性、神のいのちを生きることが真に人間として生きること、これこそが宗教本来の姿、根源的宗教、「久遠の宗教」と言えるだろう。

とりわけ多様性を尊重する現代社会においてはもはやいずれの宗教も自らの教説を絶対的なものとして、排他的に覇権を主張することにより自らの正当性のみを主張するのは難しい。既存の枠組みの中で宗教が自らの唯一普遍的正当性を各自が主張することにより実りのない論議に果てしなく終始している時代ではない。諸宗教は真剣に自らの主張を省み、謙虚に真の宗教の根源を見つめ直すことが求められている。真実在への道、根源的宗教（Urreligion）、原宗教とでも呼ぶべき久遠の宗教（Religio perennis）あるいは久遠の叡智（Sophia perennis）という宗教本来の姿に立ち戻り、立脚すべきだろう。いずれの宗教も根源的宗教に立脚するためにはそれぞれの宗教宗派の彼方の超越者を目指さなければならない。諸宗教の差異の彼方に超越者の一性、多様性の中に一なるものの存在を見る視座が求められる。超越者の一なる実在と多様な宗教の存在は矛盾しない。イェーガー師が主張している「特定の宗教宗派を超越する宗教」(trans-konfessionelle Religion) というのはこの「原宗教」とでも言うべき「久遠の宗教」のことである。イェーガー師は宗教の多元性を否定せず、多元主義を認めてはいるが、諸宗教の折衷や教義の混合を認めているのでもなければ、期待しているのでもない。既存の宗教、宗教組織の存在を否定するものでもないが、宗教宗派の組織を媒介せず、それに限定もされないのである。いずれの宗教もその本質は本来、「神性なる無」を体得することを目指すことに宗教の意義を認め、秘義的霊性の世界における久遠の叡智に生きることであると考えるからである。師はこの秘義的霊性の道、宗教の根源へ続く道をただ哲学的学説、神学的論議のうちに展開し、単なる理論上認識するのではなく、道の体系的教説の解説、理解にも重点を置いていない。キリスト教的観想の道と静謐のうちの坐禅一筋、只管打坐、導師として宗教宗派を問わず、職業階層を問わず道を求める者、悩める者に寄り添い同伴しつつ、共にひたすら静寂と沈黙のうちに坐り、霊性の道を実践することにより証ししているのである。

これまでも数多くの著書において師は霊性の道の核心である叡智について繰り返し述べているが、本書においてもその本質が簡潔明快に述べられている。しかしただそれだけではない。本書の中で何よりも注目すべきことは八十五歳を迎えられた師が自らの信念、師の生き方の心髄、人間としての行動原理を「信条」(Bekenntnis) として述べていることである。

イェーガー師はひと言で言えば「久遠の叡智」を求道する神秘家、「永遠の今」を生きる「実存的生き方」の実践者である。神秘家は理論を語る前に実践する。宗教の根本は哲学的、神学的に論ずることにあるのではなく、語られることにあるのでもない。宗教は生きることであり、真の自己、真の人間として生きること、「今、ここ」という恩寵溢れる「永遠の今」「絶対的現在」を生きることに他ならないと考える。これは宗教宗派の信条の如何を問わずすべての人間の行動原理と言えるだろう。

宗教は超越者と個人との関係の問題である。人間存在は超越者との関係性のなかでとらえられてこそその本質が明らかになる。イェーガー師はキリスト教的観想の道と禅の道を双修し、自らの体験に基づいてその質の同一性を確信した。

一般的にはキリストは外在的対象的超越的方向に考えられる「超越的内在」の存在であるのに対して、仏や絶対無は自己の最奥底の根底、「内在的超越」の方向に考えられる超越者である。神、仏（例えばキリスト教の神、阿弥陀仏）いずれの場合にも超越者の自己否定の働きとそれに対応する人間側にも自己の自己否定の働きもみられ、超越者と自己、仏と衆生、神と人間との間には、極端に対峙するものの間に相互の自己否定による超越的働きによって対応しあう関係がみられる。しかしこの場合に宗教宗派を超える霊性の自覚を目指す霊性の道それ自体を考えてみれば、われわれが自己の絶対的否定を媒介にして絶対者に超越して、自己の最内奥の根底の実在として考えられる絶対無、神性の無、始原的力動性の存在を体験する境涯に達するならば、神も仏もその名は消え、一般的に考えられているような仏の内在的超越も神の超越的内在も消えて、「超越的内在」は「内在的超越」としても考えられてくる。神も仏も無限にして言表不可能なものである点で同一である。根源的力動性である神性の無、叡智は究極的には一なるものだからである。

西田幾多郎の最晩年の宗教論とも言える遺稿「場所的論理と宗教的世界観」の中には「絶対的一者」という言葉がしばしば用いられている。この西田哲学の集大成とも言える論文について「これは私の最終の世界観とも言うべきもので、私にとって実に大事なものであり、また是非諸君にみてもらいたいと思うものです」と書いている(沢瀉久敬あての手紙)。

この論稿のなかで心の根底に徹する時、「われわれの自己は、絶対現在の自己限定として、逆対応的に何時も絶対的一者に触れているのである」。「絶対的一者の自己否定的肯定として、われわれの自己が成立するのである」。「われわれの自己は、逆対応的に一者において自己を有つと言うことができる」。「絶対的一者に応ずるということは、そこにわれわれの自己がすべてを超越するということである」。「われわれはどこまでも内へ超越してゆかなければならない。内在的超越こそ新しい文化の途であるのである」といった言葉がみられる。しかしそれまで用いていた「絶対無」に代わって頻繁に用いられているこの「絶対的一者」という言葉によって彼がどのようなことを表現しようとしたのだろうか、その内容もこのような表現を用いた理由についても何ら説明されていないので不明ではあるが、この「絶対的一者」という表現は日本的霊性の特徴である絶対者の内在を肯定し、絶対者の真の超越が「内在超越」であることを表現しようとしていると言えるのではないだろうか。この論稿の終わりの部分にはキリストについて私の言うところの「内在的超越のキリスト」という表現がみられる。さらに「新しいキリスト教世界観は、内在的超越のキリストによって開かれるかもしれない」。「私は将来の宗教としては、超越的内在よりも内在的超越の方向にあると考えるものである」とも述べていることは最晩年の西田の超越者についての視座を考える上で注目すべき極めて重要な表現と言わざるを得ない。

内在的超越と考えられる深みの次元の根底的存在は、仏と呼ばれようが、神と呼ばれようが、キリストも阿弥陀仏も究極的にはわれわれの自己の本体、真正の自己であることに変わりはないからである。この内在的超越者なるものは「絶対的霊」であり、禅で言うわれわれの真の自己、「真正の本性」、「本来の面目」のことである。超越者と真正の自己との間には隔たりはない。両者は不二にして一体なるものである。人生の最晩年、悟得の境涯にあった西田が彼の最終論稿のなかで超越者の性格を「絶対的一者」と表現しているのはイェーガー師が「根源的力動性である神性の無」「久遠の叡智」と呼んでいる超越者の一性、「一なるもの」と言えるのではないだろうか。

イェーガー師は「内在的超越」と考えられる真正の自己を自己の絶対的否定的転換を通して自覚する禅にみる日本的霊性と「外在的超越的絶対者」の自己否定による世界への内在を通して真正の自己を自覚するキリスト教の霊性の本質とを体験的にみれば対立する異質のものと考

えられるどころか、両者の根源的力動性にむしろ極めて強い親近性を認めた。仏と呼ぼうが、神と呼ぼうが無限にして言表不可能なもの、神も仏も無である。絶対的神秘である点では変わりなく同一であること、両者の宗教体験が共に叡智であるということ、その志向性の質的同一性をイェーガー師は「叡智」によって根拠づけられた体験を通して確信するに至って、超越者の一性、「久遠の叡智」に基づいて「超宗教宗派的宗教」を標榜していると言えるだろう。

師のこのような考え方はわれわれが西欧文化と日本文化、キリスト教とキリスト教的霊性、東洋的霊性、日本的霊性等を考えようとする場合に重要な示唆を与えるものと言えるだろう。師の説く信仰の在り方、真正の人間の生き方は万人の行動原理であると共に今日および将来のキリスト教会の在り方、異なる宗教との共存と信仰生活の在り方のみならず現代社会の諸問題について考えようとする場合に看過できないだろう。既存の何らかの宗教組織に属していようがいまいが、人間として、「真正の自己」を生きようとする求道者たちにとっても行動原理となり得る霊性を示していると言えるだろう。

二〇一六年に卒寿を迎えられ、現在も変わらずホルツキルヒェンを訪れる求道者に寄り添い、指導に専心されておられたが、師は二〇一七年秋以来体調を崩され目下療養中である。ご健康を回復され活躍を再開されることを心より祈念する次第である。

二〇一九年　四月

鎌倉にて

八城　圀衛

訳者

八城　圀衛（やしろ　くにもり）

1931年、京都生まれ。上智大学大学院西洋文化研究科修士課程修了。
東邦大学名誉教授。
訳書
P. F. v. Siebold『日本』（共訳）、『日本図録』（共訳）雄松堂書店
B. Häring『キリストにおける性の解放』中央出版社
Willigis Jäger『禅キリスト教の道』、『東西の叡智』教友社
Willigis Jäger『W・イェーガー講話集』（I、II）教友社

久遠の叡智――「永遠の今」を生きる

発行日………2020 年 1 月 27 日 初版

著　者………ウィリギス・イェーガー
訳　者………八城 圀衛
発行者………阿部川直樹
発行所………有限会社 教友社
275-0017 千葉県習志野市藤崎 6－15－14
TEL047 (403) 4818　FAX047 (403) 4819
URL http://www.kyoyusha.com
印刷所………モリモト印刷株式会社

ISBN978-4-907991-58-6　C3016
